JICAプロジェクト・ヒストリー・シリーズ

品質を追求しキルギスのブランドを世界へ

途上国支援の新たな可能性「一村一品プロジェクト」

原口　明久
HARAGUCHI Akihisa

はしがき

　キルギスは1991年の独立後、中央アジア諸国の中でもいち早く民主化、市場経済化を推進した。しかし、相次ぐ政変などで経済が停滞し、特に人口の約7割が居住する農村・山岳地域では、貧困化が進んでいた。そこで、山岳国ならではの地域素材を使った特産品を作り、地域活性化とコミュニティの再構築を図ろうと、2007年に一村一品（OVOP：One Village One Product）プロジェクトが始められた。

　1980年頃大分県で始まり日本全国に広がった一村一品運動は、地域の資源を活かした農産品、特産品や観光資源等を、その地域の外でも通用するように育てていこうという考えのもとに、行政がきっかけをつくり、地域の住民が主体となって行う運動である。JICAは、この取り組みをさまざまな開発途上国で応用する支援を行っているが、中でもキルギスでのプロジェクトは大きな成果を上げた。

　プロジェクトの対象地域として選ばれたのは、キルギス北東部のイシククリ州だった。ここは潜在的な資源が多い土地だが、開発が進んでいなかった。著者の原口氏は、キルギスならではの特性を活かした商品作りに取り組んだ。株式会社良品計画との連携によるフェルト製品の生産は、大きな成功事例である。また、それ以外にも、他では採れないエスパルセットの蜂蜜や、オメガ7が豊富なシーバクソンのオイルとジュース、油が多く外国人には食べにくいという面を克服した馬の腸詰のスライス、ほったらかし農法で育てられたリンゴ、ナシ、杏で作ったジャムなど、キルギス産の材料を使用し、他国産に勝る価値を持つ商品が数多く生み出されていった。

　さらに、新商品の開発と並行して、ビジネスとしてサステナブルな運営ができる仕組みづくりが必要だと考え、ゼロから取り組み始める。そして、OVOPに携わる生産者の組合、商品をブランドとして認定するための「ブランド委員会」、商品開発からショップの運営、流通網の確保まで幅広い

役割を担う公益法人「OVOP＋1」などの組織や仕組みをつくり、キルギスの人々の経済的自立を促すサイクルの構築に取り組んだ。その成果として、質の高い商品を継続的に市場に送り込むことができる体制が構築された。

　一村一品運動はキルギス全土に広がり、生産される商品数は700種類以上、生産者は3,500人を超える。その成果が認められ、2023年には国家プロジェクトに認定された。さらに周辺国にも波及し、今や一村一品プロジェクトは中央アジア全体で実施されるまでになっている。

　本書は、日本発祥の一村一品運動を利用してキルギス、そして中央アジア諸国の経済発展のために奮闘したプロジェクトの軌跡である。長年にわたる活動から得た学びや気付きを多くの人に、特にこれから国際協力に携わる若者たちに是非伝えたいとの思いから、本書は執筆されている。公式な報告書には残されていないプロジェクトの全容を詳細に描いた物語である。本書でそれを紹介することにより、魅力あふれる国際協力の世界について読者の皆さんに知っていただくきっかけになれば幸いである。

　本書は、JICA緒方研究所の「プロジェクト・ヒストリー」シリーズの第40巻である。この「プロジェクト・ヒストリー」シリーズは、JICAが協力したプロジェクトの背景や経緯を、当時の関係者の視点から個別具体的な事実を丁寧に追いながら、大局的な観点も失わないように再認識することを狙いとして刊行されている。民間セクター開発をテーマとしたものは、インド（第4巻）に続き2作目である。益々の広がりを見せている本シリーズを、是非、1人でも多くの方に手に取ってご一読いただきたいと願っている。

JICA緒方貞子平和開発研究所

研究所長　峯　陽一

目次

はしがき ……………………………………………………… 2

プロローグ ……………………………………………… 9
「キルギス一村一品運動」って何？ ……………………… 11
地元産の原材料から作り、その数700種類以上 ………… 14
　♯1『キルギスの宝石エスパルセット蜂蜜』…………… 15
　♯2『シーバクソンの果実を使ったジュースと美容オイル』… 16
　♯3『馬の腸詰の燻製スライス』………………………… 18

第1章
遊牧民と大自然の恩恵 ………………………………… 21
1-1　キルギスの自然と暮らし ……………………………… 24
　遊牧民ゆえに農業は苦手 ………………………………… 24
　湖周辺はまさに桃源郷 …………………………………… 25
　眠ったままの観光ポテンシャル ………………………… 26
1-2　イシククリ州で運動を開始 …………………………… 27
　キルギスが私を呼んでいる！ …………………………… 27
　アポなしで陳情に訪れる人々 …………………………… 28
　地域市民組織「ジャーマット」の存在 ………………… 29
1-3　手探りのスタート ……………………………………… 31
　このまま終わらせるのはもったいない ………………… 31
　交通費、日当、宿泊代も一切自腹で …………………… 32
　ドナーハンターはお断り ………………………………… 33
　多岐に及ぶも品質・技術はいまひとつ ………………… 35
　作ったジャムの糖度を知らない ………………………… 36
1-4　一村一品組合の設立 …………………………………… 38
　グループや生産者の本気度を確認 ……………………… 38
　貧困者・社会的弱者が参加しやすいように …………… 39
1-5　目的を共通化できるMVVの設定 …………………… 40

4

VOICE①生産者の声：ヌルベック・ムサリエフ ……… 42
　　VOICE②生産者の声：イスマイロバ・サルクン ……… 43

第2章
プロジェクトの基盤づくり ……… 45
2－1　一村一品運動の船出 ……… 47
　ステークホルダー会議の設置 ……… 47
　地域課題解決の糸口に ……… 48
2－2　インパクトとなる成果を求めて ……… 50
　カラコルショップを開設 ……… 50
　良品計画からJICAに打診 ……… 52
　全員総出で何とか出荷にこぎつける ……… 53
　ブランド委員会の設立 ……… 55
　自信を深める評価委員たち ……… 56
　イシククリブランド・ショップ設立 ……… 57
　　VOICE③スタッフの声：ナズグル・イブラエバ ……… 59

第3章
一村一品運動の仕掛けと基本戦略 ……… 61
3－1　プロジェクト実施のための5つのポリシー ……… 63
　(1) プロジェクトの予算を投資と考える。 ……… 63
　(2) モデルづくりや技術指導に終わらない。 ……… 64
　(3) 末端（村人）まで届く支援を行う。 ……… 65
　(4) 明確な指標を設定する。 ……… 66
　(5) 納税者にも分かりやすい事業。 ……… 67
3－2　地域住民が理解しやすいものづくり ……… 68
　現地で手に入る物だけを使う ……… 69
　誰でも作れる ……… 69
3－3　プロジェクト活動の本格化 ……… 70
　タスクフォースチームを結成 ……… 70
　設計図なしで製品を作っていた ……… 71
　良品計画の生産技術指導を受ける ……… 72

3－4　新しい一村一品運動の在り方……………………………… 73
　商品の大まかな方向性が見えてきた……………………………… 73
　村人まかせの産品選びから、売れる物の提案へ………………… 74
　商品の持つストーリーを活かす…………………………………… 75
　ほったらかし果樹に付加価値を…………………………………… 77
3－5　ソーシャル支援グループ「OVOP＋1」………………… 79
　組織自ら資金を稼ぐ必要性………………………………………… 80
　プロジェクトにおけるビジネス事業……………………………… 81
　リーダー・ナルギザの誕生………………………………………… 83
　いわゆるキルギス人をどう育成する……………………………… 85
　　VOICE④スタッフの声：ナルギザ・エルキンバエバ ……… 87
　　VOICE⑤スタッフの声：ナズグル・ウムラリエバ ………… 88
　　VOICE⑥スタッフの声：サイカル・スユンベコバ ………… 89

第4章
全国拡大への布石 ……………………………………………… 91
4－1　クムトール鉱山から資金協力を引き出す…………………… 93
4－2　羊毛バリューチェーンの構築………………………………… 95
　小規模生産と大量生産の両立……………………………………… 97
　ショルブラク村生産グループを形成……………………………… 99
4－3　加工食品開発の実施体制構築………………………………… 102
　品質管理者が見つからない………………………………………… 102
　食品加工・早川専門家の功績……………………………………… 103
4－4　勝ち残るための商品開発……………………………………… 105
　メイドインキルギスを誇れる商品開発…………………………… 105
　国際的な認証制度は取らない……………………………………… 107
　誰もやらないことをやる…………………………………………… 108
　すべての工程で地域生産者の顔がある…………………………… 109
　捨てる物を高級品に………………………………………………… 111
　高圧殺菌器をレトルト用に改造…………………………………… 112
　ヒントはキルギスの暮らしの中に………………………………… 113
4－5　パッケージデザインに統一感がない………………………… 114

液漏れやラベルの歪みの問題……………………………………… 116
　　過剰包装かミニマル包装か……………………………………… 117
　　　VOICE⑦生産者の声：アトカン・コルムルザエブ ………… 119

第5章
生産・物流の整備……………………………………………… 121
5-1　一村一品運動をキルギス全土に広げる拠点づくり
　　　　　―カラコル工場建設とその役割………………………… 123
　　フェーズ3（2017年1月～2023年3月）
　　キルギス一村一品・イシククリ式アプローチの他州展開プロジェクト　123
　　工場稼働までの紆余曲折………………………………………… 125
　　"共同加工場"という発想………………………………………… 127
　　全国各州にブランド委員会を設置……………………………… 129
　　「ナショナルコンペティション」………………………………… 131
5-2　実際にモノを動かす…………………………………………… 133
　　ロジスティクスセンターの設置………………………………… 133
　　コンビニ慣れした日本人には気づかない……………………… 135
5-3　OVOP＋1の課題とチャレンジ……………………………… 136
　　ムリ・ムラ・ムダの連続………………………………………… 136
　　視覚化による工夫………………………………………………… 138
5-4　物流と販売網の拡大…………………………………………… 139
　　キルギスにも「道の駅」を……………………………………… 139
　　格差をなくそうではなく、活用しよう………………………… 140
　　一村一品商品は「高い？」……………………………………… 140
5-5　販売をけん引する2つのショップ…………………………… 141
　　2つの部屋が混在………………………………………………… 141
　　「OVOPセンター」を新規開店………………………………… 143
　　空港免税店での販売……………………………………………… 145
　　ミニスタンドでの成功事例も…………………………………… 147
5-6　一村一品商品を海外へ輸出…………………………………… 148
　　売上目標は国内50％、輸出50％……………………………… 148
　　FOODEXや海外見本市への参加……………………………… 150

キルギス商品と小規模なこだわり店………………………………	151
混載による輸出に挑戦……………………………………………	152
5 － 7 　OVOP＋1の成長と戦略	154
社会サービス部門…………………………………………………	154
ファイナンシャルマネージメントの強化………………………	155
新たな組織スタイルの確立………………………………………	156
VOICE⑧自治体関係者の声：カニメット・オスモンベコフ・ビスアベコチ…	158
VOICE⑨自治体関係者の声：ファフィーゾバ・ラーヤ………	159

エピローグ …………………………………………………………… 161
　国家プロジェクトに採択…………………………………………… 163
　中央アジア諸国へ拡大……………………………………………… 164
　2023年4月～2027年4月
　　一村一品運動を通じた中央アジアにおける
　　　地場産業振興プロジェクト………………………………… 164

コラム ………………………………………………………………… 167
Part 1：一村一品運動を支えた専門家 …………………………… 169
　食品加工専門家／早川義一さん…………………………………… 169
　藍染め専門家／有内則子さん……………………………………… 170
　アロマオイル専門家／吉水純子さん……………………………… 171
　養蜂の専門家／高橋秀行さん……………………………………… 172
Part 2：一村一品運動を支えたビジネスパートナー …………… 174
　株式会社こぶた舎・ジベックジョル……………………………… 174
　twintrustとの出会い ……………………………………………… 175

あとがき………………………………………………………………… 178
参考文献・資料………………………………………………………… 180
略語一覧………………………………………………………………… 180

プロローグ

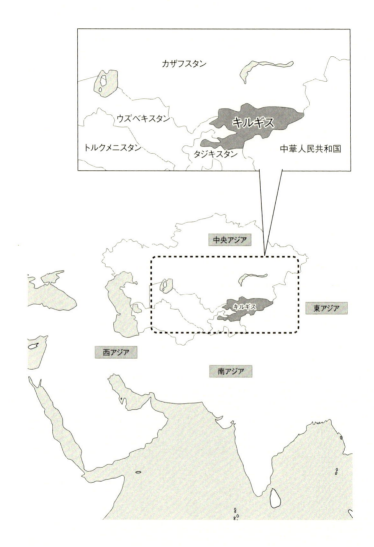

「キルギス一村一品運動」って何？

　シュック、シュック、シュック、ウールに針を刺す音が響いている。40名ほどの女性たちがフェルトのロバの置物を作っている。時折、女性たちの話し声や噂話にクスクス笑う声が交じる。ここは、中央アジアのキルギス共和国の東にあるイシククリ湖のほとりにあるショルブラク（「塩の泉」の意）村、株式会社良品計画（以下、良品計画）のブランドである無印良品（MUJI）の商品を生産している現場である。村はずれにある使われなくなった学校の教室が、フェルトを生産する工場となった。琵琶湖の9倍の面積を誇るイシククリの周辺に点在する村々には、良品計画の商品を生産している人たちが約400名いるという。国際協力機構（JICA）が実施する一村一品プロジェクトの現場でもある。今日は、生産状況の確認と商品の回収が行われるモニタリングの日。地域支援型ビジネスグループの品質管理担当者は、生産状況や品質確認のために、イシククリ地域の州都であるカラコル市から車で3時間ほどの道のりをやって来たのだ。

　「皆さん元気ですか！」「良品計画の締め切りまで3週間を切りました」「頑張って作りましょう」──若手スタッフが年上の生産者へ声をかけ、商品を1つひとつ手にとり品質を確認する。この村の女性たちは皆、良品計画の商品を作り始めて10年目のベテランばかりだ。フェルトニードルと呼ばれるウールを縮絨するために枝の付いた特殊な針を使い、ロバの耳、顔、足、しっぽなどあらかじめ作っておいたパーツを丁寧につなぎ合わせていく。縫い合わせる糸はおろか接着剤も何も使わない。イシククリ州で飼育されている繊維が細かく上質なことで知られるメリノ羊のウールだけを使い、目や口までも100％ウールの商品を作っていく。顔やボディのサイズが均一になるようにプラスチックの型が用意されているため、既定のサイズより小さすぎたり大きすぎたりすることはない。軽いウールも0.1グラム単位まで測れる秤を用いてあらかじめ一体の使用量を決めるため、ばらつきがない。原材料や生産に必要な設計図などはすべてソーシャル支援グループが村まで運び、フェル

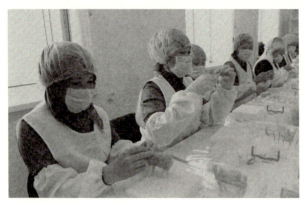
フェルト生産の様子

ティング技術も一から指導してくれる。技術さえ身に付ければ、特別な機械や施設はなくとも、村に居ながらにして良品計画や他のマーケットへの商品が作れる仕組みが構築されているのだ。

　中央アジアに位置する人口約716万人（2024年1月時点）の小国、キルギス共和国（通称キルギス）。キルギスの人々は長年遊牧生活を続けてきたが、ソ連に統合された後は山岳国ならではの環境の良さを活用して、さまざまな果樹や農畜産物を育てるようになった。しかし、1991年にソ連が崩壊し、それまであった農業生産のための技術支援や生産された農産物の流通が絶たれてしまうと、キルギスの経済は低迷の一途をたどっていった。そんな時に相次ぐ政変などでさらに経済が停滞し、多くの人が国外へ出稼ぎに行ったことで地域コミュニティも衰退し、貧困化が進んでいった。特に地方部は産業がなく、若者は高校・大学を卒業すると、首都や外国へ職を求めて出稼ぎに行ってしまい、村には子どもと年寄りだけが残された。

　実は「一村一品運動」のモデルは日本にあった。1980年頃から大分県の地域振興を図る運動として始められた特産品づくりが全国に広まった

ものである。JICAは、この運動を活用して、キルギスの地域素材を使った特産品を作り、地域活性化とコミュニティの再構築を図ろうと、一村一品（OVOP：One Village One Product）プロジェクトの海外展開を試みたのである。キルギスにある7州の中で、最初に選ばれたのは、琵琶湖の9倍の面積を持つイシククリ湖を有するイシククリ州だった。ソ連時代から夏の避暑地として知られている風光明媚な場所で、観光の高いポテンシャルを持ちながらも開発が進んでいないことから、この地からキルギスの開発を進めたいと考えた。一村一品運動によって農産物を加工品に変え、商品を作って販売することで経済を活性化させようという取り組みである。こうして始まったJICAの一村一品プロジェクトは、開発した商品のキルギス国内での販売、ヨーロッパや日本へ向けた輸出へと進んでいった。長年の取り組みの結果、一村一品運動は今ではキルギス全土に広がり、生産される商品数は700種類以上、技術を伝授された生産者の数も3,500人を超える。特筆すべきは、すべての商品の原材料はキルギス産で、生産現場周辺で生産・収穫された素材だけを使っていること。生産者はキルギスの地方部に住む人たちだ。産業が発達しておらず、ソ連の経済システムも崩壊したキルギスで、日本発祥の一村一品運動を活用した経済発展が今ここ中央アジアを中心に花開こうとしているのである。

　地域の特産品で、繊維が細かく温かいことで知られるメリノウール。それをキルギスのユキヒョウやロバなどに形作った人形たち。奇跡の果実と呼ばれる「シーバクソン」の果実を絞った美容オイル、新鮮な馬肉を風味豊かにスモークした腸詰、ポリフェノールたっぷりのザクロ100%の丸絞りジュース、ワイルドピスタチオをコールドプレスで絞った100%オイル。一村一品販売店に並んでいるのは、どれも美容や健康に良いピュアな天然素材商品だ。豊富な天然資源や農産物に恵まれながらも、一次産品として低価格で周辺国へ出荷されるだけだった素材を、地域住民と共に加工して、高品

質で誰もが買いたくなるパッケージとデザインにして、それまでキルギスでは見られなかった商品群として開発・生産・販売しているのである。

JICAの行うキルギスの一村一品プロジェクトは、少しだけ他のプロジェクトとはやり方が違っている。本文で詳しく説明するが、それは、相手国政府や自治体への講義や技術指導だけに終わらず、具体的に商品開発やその販売を手掛けていることだ。一村一品運動は地域活性化の開発手法として使えるか、地域経済に貢献できるか、をしっかりと見届けて持続可能になることを本気で目指している。

これらの事業成果が認められ、2023年にはキルギス政府から国家プロジェクトとして認定された。また、周辺国からの強い要望により、JICA一村一品プロジェクトは中央アジア全体で実施されるまでに普及した。しかし、インフラ、農業政策、国家債務などに多くの課題を抱える開発途上の国々で、地域住民に寄り添いながら、高品質な商品を地域に暮らす人々と共に作り上げることは簡単ではない。本書は、JICAが行う開発の世界で、何が起こっていて、何が問題で、どのように取り組み、どうやって成果を出しているのかを説明する途上国開発手法の解説書である。

「元々同じ民族であったが、肉の好きな者はキルギスへ行き、魚の好きなものは日本へ渡った」という言い伝えがキルギスにはある。日本人と同じ蒙古斑を持って生まれるキルギス人と共に仕事をする中で見えてくるJICAの開発の世界の一部を紹介していきたい。

地元産の原材料から作り、その数700種類以上

まずは、どんな商品がどんな風に作られているのか商品の一部を紹介しよう。開発途上国の農村部で商品を作るといっても、高価な機材があるわけでもなく、家畜と共に暮らす農村生活では衛生観念の理解が今1つだ。そんな状況の中で、安心・安全商品を生産するためには工夫が必要だ。簡単に生産できて、生産者が指導された工程を守ればしっかりとマーケット

で通用する商品になる——そんな開発を進めている。キルギスで開発・生産される一村一品商品はどれも、地元のシンプルな素材で作られている。防腐剤、化学調味料、添加物、化学染料などを使わないため、賞味期限が早いものや温度管理が悪いとすぐにダメになってしまうような商品もあるが、安全・安心・美味しい商品になるよう工夫を重ねている。天然素材だけを使うことが付加価値創造に貢献し、キルギス一村一品商品を愛してくれる顧客開拓にもつながっていくと考えている。では、具体的にどんな商品があるのか。まずは700種類以上もある商品群の中から、いくつかヒット商品やキルギスならではのユニークな商品を紹介しよう。

♯1『キルギスの宝石エスパルセット蜂蜜』

キルギスではエスパルセット、日本語でイガ豆に当たる牧草が育てられている。夏に刈り取られたエスパルセットは、冬の間は家畜飼料として貯蔵される。初夏にはエスパルセットの赤い花で大地が真っ赤になり、それはそれは、ため息がでるほど美しい光景を見ることができる。キルギスではたくさんの蜂蜜が採れるが、キルギスらしい特徴は何なのか、お客様へアピールするには何が足りないのかを思案した結果、1つの蜜源から採取される単花蜜が必要だと考えた。旧ソ連の要求によって9,000トンもの蜂蜜を毎年出荷していたキルギスでは、それまで、さまざまな蜂蜜をごちゃ混ぜにして付加価値のつかないまま出荷してきたのだった。しかし、養蜂家は昔からエスパルセット蜂蜜が美味しいことは知っていたので、エスパルセットの花だけから採った蜂蜜に付加価値をつけることを思いついた。キルギスの養蜂家グループとさまざまな調整を続けた結果、2010年ピュアなエスパルセット蜂蜜を採取することに成功した。結晶化すると半透明の透けた白色になって、美しい輝きを放ち、食べるとほのかに花の香がして、普通の蜂蜜では喉を通るときに蜂蜜ならではの刺激が広がるが、エスパルセット蜂蜜はサラッとしていて喉への刺激もない。蜂蜜は苦手で普段は食べないお客さんも、「この

白い蜂蜜エスパルセット

蜂蜜は美味しい」「これなら蜂蜜を食べられる」と言ってくださることも本当に多い。この繊細な味わいで、口の中でべたつかないサラッとした食感、ほんのり香るエスパルセットの香り。エスパルセット蜂蜜は、チーズ、パン、フルーツなどいろいろな素材との相性抜群で、合わせる食材の本来の味を邪魔することはない。こういった特徴から、特に日本のお客様に大好評である。キルギス一村一品の提供するエスパルセット蜂蜜は、蜂蜜の成分としてエスパルセットの量が70%を超えるものだけを出荷できる体制を構築し、抗生物質や農薬検査も実施して、安全・安心な蜂蜜になっている。日本でこのエスパルセットを販売してくださる人たち、また消費者の皆さまからたくさんの喜びの声をいただいている。

♯2『シーバクソンの果実を使ったジュースと美容オイル』

次に紹介するのは、"奇跡の果実"とも呼ばれるシーバクソンで作られるジュースと美容オイルだ。日本では"サジー"とか"シーベリー"などの呼び名で知られているが、私たちは英語圏での呼び方であるシーバクソン（学名：*Hippophae L.*)を広めようとしている。どうしてシーバクソンは奇跡の

果実と呼ばれるのだろうか。それは、気温マイナス40℃でも、プラス40℃でも、塩害があっても育つ強いシーバクソンの生命力にある。シーバクソンの実は、オメガ酸の3、6、7、9や他のビタミン類を蓄えることで、厳しい環境でも生きていける。特にオメガ酸の7は、抗炎症作用やアンチエイジングに役立つ優れもの。一村一品の作るシーバクソンオイル100%を日本の検査機関で計ってみると、100g中のオイルの中にオメガ7が44%も含まれており、世界最高レベルであることが分かった。[1] キルギス人は昔から火傷(やけど)や切り傷、胃潰瘍などの時にこのシーバクソンオイルを肌に付けたり、飲んだりして生活の中で利用してきた。そんなシーバクソンから商品を生み出そうと試行錯誤してきたが、最初のうちはジャムを作るとペクチンで固まらない。油分が全部上に浮いてくるなどやってもやってもうまくいかない日々が続いた。ある時、この油分を先に抜いてしまおうと考え、試行錯誤すること2年間。ものすごく簡単な方法で、油分とそれ以外を分けることに成功した。詳しくはここでは

オメガ7たっぷりのシーバクソン

---

1) 2019年に(一財)日本食品分析センターで実施したキルギスのシーバクソンオイルの分析結果は、オメガ7(パルミトレイン酸とCIS-バクセン酸の2つを称してオメガ7という)の数値は44.2 g/100gとなっており、他の文献等にもこの数値を上回っているものはない。

言えないが、加熱してない状態でピュアなシーバクソンオイルが取れるようになったのである。油分を取り除いたシーバクソンのジュースでも完全には油分は取り切れず、瓶の中でシーバクソンのオイルが浮かんでくるが、その油分の中にはオメガ7がたっぷり入っている。シーバクソンはものすごく酸っぱい果実なので、シーバクソンのジュースを作るときに、くせのないエスパルセット蜂蜜を加えて酸味を中和させる。シーバクソンの濃度に応じて、30%はそのまま飲みやすく、60%は牛乳やヨーグルト、またはビールなどで割って飲むように、そして100%は何も加えず、お客様のお好みでどうぞといった具合に3種類を用意している。シーバクソンの100%オイルは、肌を柔らかくする杏種子のオイルと混ぜたり、ビタミンEがたっぷりの山羊ミルク石鹸に加えても良し、天然素材だけで作るスキンクリームにと、さまざまな利用方法で商品バラエティも増えている。奇跡のベリーと呼ばれるシーバクソンは高い可能性を秘めているのだ。

♯3『馬の腸詰のスモーク（燻製）スライス』

　キルギスの伝統食品に、遊牧文化圏ではよく食べられる馬の腸詰がある。馬の腸に赤みと脂身を半々ぐらいに詰め、30cmぐらいの大きなソーセージのようにしたもので、キルギスでは「チュチュック」と呼ばれている。ボイルした状態でよくローカルのマーケットなどで買うことができるし、キルギス料理が食べられるレストランに行けば、1cmの厚さに輪切りにして提供される。しかし外国人が丸ごと1本買うには大きすぎたり、レストランでも脂身が多すぎて一皿食べられなかったり、ちょっと匂いがしたりと、この馬の腸詰には「キルギス人の馬に対する尊厳から来るチュチュック大好き」と「外国人は食べたいけど、ちょっと苦手」が交差している。キルギス人の家へお客さんが来れば、お客さんを喜ばせたくここぞとばかりにこの馬の腸詰が、家でもレストランでも振舞われる。ちょっと苦手になる理由は、脂身が多すぎて、赤身がほとんどなく真っ白な脂身だけだったりすることである。しかしそれは、キ

プロローグ

スモークされた馬の腸詰スライス

ルギス人にとってできる限りもてなしの気持ちの表れであり、ゆえに厚切りの脂身たっぷり部分をせっせと勧めてくれるのである。やさしいキルギス人に嫌とは言えずに頑張って食べてしまい、それが後々苦手になってしまうこともある。こんな状況を打開しようと、この腸詰をスモークして薄くスライス、真空パッケージ化して、外国人が夕食やビールのつまみにちょうどいい食べごろサイズにした。スモークするのには訳がある。キルギスに生えているティエンシャン松は、何万年もこの地域で育つ天然の松の木で、この葉っぱを使ってスモークすると美味しいスモーク風味が付くだけでなく、抗菌作用が強くなり保存期間が長くなるのだ。キルギスでは、家や重要な空間のお祓いや魔除けに、よく松やアルチャと呼ばれるヒノキの一種に火をつけてスモークする習慣がある。松の煙が虫や菌を排除してくれる効果が、いつの間にか儀式に変わったのかもしれない。こうやってティエンシャン松でスモークされたチュチュックは、食べ慣れない人にも好評の味となった。実はチュチュックには裏メニューがある。それは、チュチュックを30cmぐらいのソーセージ型にし両端を縛ってスモークするのだが、この紐で括った部分はカットされてパックには詰められない。しかし、実はこの部分が非常に美味。このエッジ部分

だけをパックした裏メニューがあり、本当にたまに、一村一品ショップの店頭に並ぶことがある。見つけたお客さんはラッキーである。

代表的な3品を紹介したが、その特徴をお分かりいただけたと思う。キルギス一村一品商品はすべてにおいて、商品開発秘話や伝統、文化的背景、健康・美容の効果などの説明ができるものばかりだ。ただそこにあるから売っているという商品は存在しない。そして、さまざまな顧客のニーズや興味に応えられるように、商品開発は今も続いている。

*

本編に入る前に、筆者：原口明久のプロフィールを簡単に紹介しておこう。

1989年に青年海外協力隊（現在のJICA海外協力隊、以下「海外協力隊」）として、ガーナ国へ技術科教師として派遣された。その後、カンボジア、エチオピア、モンゴルなどで開発事業に携わり、2009年よりキルギス共和国へJICA企画調査員（農村開発担当）として派遣。「キルギス一村一品プロジェクト」フェーズ1を担当し、その後フェーズ2からはプロジェクトリーダーとして携わる。一村一品運動を実施するにあたって、国の事業として行う開発事業とビジネスとをつなげ、開発途上国の地方商品を販売することで、持続的に地方が発展する仕組みをつくることを念頭に活動してきた。新商品の開発から販売・輸出までをキルギス人と実践し、日本人がいなくなってもやっていける持続可能な体制を構築してきた。世界で目撃した・経験した失敗や成功例を参考にしながら、その国にとって何がベストなのかを常に考えながら活動を実施してきた。長年、開発途上国と呼ばれる国々で働いた経験から、開発の世界も変化が必要な時代だと感じており、それが本書執筆の主な動機となった。

なお、本書に記載されているさまざまな見解はJICAおよびJICA緒方研究所の公式な見解ではなく、あくまでも筆者の個人的な見解であることをご理解いただきたい。

第1章

遊牧民と大自然の恩恵

1－1 キルギスの自然と暮らし

遊牧民ゆえに農業は苦手

　キルギス共和国は3,000m級の山々が国土のほとんどを占める山岳国である。降水量は年間600〜1,000mm程度で、日本で言えば台風がきたら3日間で降ってしまう量だ。しかしこの降った雨は3,000m級の山々には雪となって蓄えられ、天然貯水場のような役割を果たす。積雪による雪解け水を利用して2万2,000km（ソ連時代には6万6,000km）もの灌漑用水路が引かれていて、たっぷりの雪解け水にそれが伏流水となって湧き出てくる湧水もたくさんある。降水量そのものが少ないということは晴れの日が多く、さんさんと照り付ける太陽とくれば農業を行うのに適していないわけがない。そんな素晴らしい環境のキルギスだが、いかんせん出自が遊牧民であるため、固定された土地での農業は苦手だ。遊牧民は馬に乗って草原を見る人たちであり、地面にはいつくばって雑草を取るという感覚はないらしい。実際、現代キルギス人男子は今でも野菜を食べない。サラダという単語もなければ葉っぱの意味のLeafとも呼ばない。彼らはサラダをGrass（草）と呼ぶ。私がモンゴルにいた時も全く同じだった。モンゴル人やキルギス人は「葉っぱは家畜が食べる物で、その葉っぱを食べた家畜の肉をいただくのが人間様」という考え方なのである。そんなキルギスの生活を少し詳しく覗いてみよう。

　キルギスの田舎に暮らす人々は、一般的に家畜飼育を中心にジャガイモや玉ねぎなどの根菜類の栽培、それにソ連時代にもたらされた果樹栽培などを中心に生活している。それに加えて、魚、ハーブ、ベリー、キノコなどの季節ごとの自然の恵み、そしてさまざまな副業、パートタイム、日曜市などでの手工芸・花・加工食品販売などで生計を立てている。年間の食料確保は根菜類と小麦などの備蓄で、夏の間に仕込んだジャムやピクルスなどで冬を越している。

　家畜の販売、もしくは季節ごとの農産物による収益は総所得の大きな部

分を占めるが、得られた現金の多くは、トイと呼ばれる村落内での冠婚葬祭イベントに利用されることが多い。また、お金を貯蓄する概念はほとんどなく、現金をすべて使い果たすことに抵抗はない。地方においては銀行口座を利用する習慣はまだ少ないといえる。一村一品生産者に最近は口座開設を行う人が急激に増えているが、これは口座開設が銀行ローン貸付の条件となっているためだ。多くの若者が高校・大学を卒業後には村を出て、首都ビシュケクやモスクワなどへ出稼ぎに出る。最近はドバイ、イタリア、ドイツなどでの仕事も増えている。また社会生活においては年上の人を敬う習慣が根付いており、序列もはっきりしている。若くして村に嫁いだ女性の家庭内の地位は低く、多くの労働を強いられる。家を継ぐのは男性の末っ子で、遊牧社会の多くがそうであるように、自立できるものが先に家を出るならわしがある。

湖周辺はまさに桃源郷

プロジェクトの最初の舞台となったイシククリ州をちょっと覗いてみよう。琵琶湖の9倍の面積を持つイシククリ湖には80本以上の河川が流れ込んでいるものの、流れ出る川は見当たらない。湖の周辺には工場などの環境汚染源となる施設がほとんどないため、ユネスコからジオナショナルパークの指定を受けている。3,000m級の山々に囲まれ、春は杏やリンゴなどの花が咲き、山には高山植物が咲き乱れ、果樹にワイルドベリー、天然の牧草で育つ家畜たち…。「桃源郷」というイメージがぴったりの場所で、ソ連時代より夏の避暑地として人気の高い場所として知られていた。湖の周辺に点在するソ連時代に建てられた保養所は、温泉やスポーツ施設、イシククリ湖の泥を使った怪我の治療施設などが完備されていて、ソ連時代は軍関係者に与えられる褒賞の場所の1つでもあった。宇宙飛行士のユーリー・ガガーリンも、人類初の有人飛行後にイシククリ湖での休暇を楽しんだという。彼が訪れた南部のタムガ村にある保養所は、ソ連軍の捕虜となった125名の

日本人の抑留地でもあり、日本人が建てた堅固な建造物がいまだに残されている。シベリア抑留では多くの日本人捕虜が餓えや厳しい労働環境で命を落としたが、キルギスのタムガ村の抑留地は、125名の抑留者が1人も死なずに日本へ帰国できた唯一の抑留所としても知られている。収容所の柵越しにキルギス人との交流があり、リンゴなどをもらったりしたそうである。

眠ったままの観光ポテンシャル

これだけの環境が揃っていながら、現代のイシククリ湖は、夏の3カ月だけ多くの観光客が来て、それ以外の9カ月はホテルすら閉まってしまう。観光以外の産業はなく、イシククリ湖周辺の観光ポテンシャルは全く活かされていなかった。湖畔に点在する近代的なリゾートホテルの中にあるコテージは、保有者の多くがカザフスタンなどに住むお金持ちであり、そこでの夏季の掃除などの労働が地域住民の副収入源となっていた。地域住民への聞き取りによると、どうもイシククリ地域住民は5〜10種類の収入で生活を成り立たせているようだ。家畜は各家庭で保有するか、親戚に預けている。家の庭のリンゴや杏は、シーズンになれば旧ソ連諸国からトラックが来て買い取ってくれる。ある家庭の娘は教師で月収は100ドル（2023年には中堅の教師で200ドルまで増えている）ぐらい。息子はロシアに出稼ぎに出る。妻は夏の2カ月間イシククリ北部のホテルで掃除のバイトをし、秋はジャガイモ掘りなどのアルバイト、シーバクソンやバーベリーの実を山で収穫して販売、冬は果物がないために家で作れるハンドメイドのお土産を作るなど、お金になることは何でもやるそうだ。ある車椅子生活の男性は、家族に小舟に乗せてもらうまで手伝ってもらい、釣った魚を販売し、土日はパソコンの使い方を覚えて子ども向けパソコン教室を開くなど、それぞれの立場でできる限りのことをやってお金を稼いでいる。家族総出で手分けしてお金を稼ぐしかないが、失敗するかもしれないので投資はできない。人々は、前年の周辺住民の儲かった作物を参考にする。ジャガイモがいい値段だった翌年はジャガイモを

植えるが、他の農家も皆ジャガイモを植えたので、価格は暴落しほとんど儲からない。次の年は、また別の作物を他人の作付けや売上の噂話を参考にして栽培作物を決めてしまうために同じようなことになり、いつも思ったように儲けられない。家族総収入は年間3,000〜5,000ドル、子どもが小さいとこれでは食べていけないので出稼ぎに行く。近くに大きな工場や会社はなく、ほとんどが個人事業だ。昔から部族単位での結束を強めてきたキルギス人は、赤の他人との共同が苦手で、親族でない人を雇いたがらない。結果、個人企業や家族ビジネスが多く雇用機会は乏しい。大きな観光ポテンシャルを持つイシククリ湖周辺だが、産業がなく、農業指導や国家政策が上手く経済成長につながらない中、何とか工面しながら生きている。これが、プロジェクト開始当初のイシククリ州地方に暮らす人々の日常であった。

1－2 イシククリ州で運動を開始

キルギスが私を呼んでいる！

　一村一品プロジェクトが開始される前の2003〜06年にかけて、JICAによる開発調査[2]が行われた。ナリン州における家畜肥育事業、ジャララバード州の総合的病害虫管理（IPM）によるコットン病虫害予防、イシククリ州のジャガイモなどの品質改善と流通――以上3カ所で実証調査が実施された。その狙いは、キルギス全国が開発対象になるが、"最も観光ポテンシャルがありながら開発されていない"イシククリ州から本格開発を始めることの判断にあったようだ。一村一品プロジェクトのフェーズ1は開発調査の結果を待って、2007年よりイシククリ州で始まった。

　2009年1月、私は、JICAキルギス事務所に農業農村開発担当の企画調査員として赴任した。キルギスと言えば、ソ連崩壊後すぐ「コクボル」と呼ばれる伝統的な騎馬スポーツが紹介されたのを憶えている。NHKで数

---

[2]「キルギス共和国　イシククリ地域総合開発計画調査」株式会社コーエイ総合研究所、日本工営株式会社、朝日航洋株式会社

十秒という短い映像だったが、当時海外協力隊から帰ったばかりの私はこの映像が鮮明に脳裏に焼き付いていて、こんな国とこんな競技があるんだと興味を持ったものである。その後、モンゴルで仕事をしているときに、同僚の専門家がモンゴルからウズベキスタンとキルギスの調査に行くことになり、そのタイミングで改めて「キルギスってどんなところだろう？」と自分で調べたことがあった。ホームページなどの少ない情報から、キルギスが山岳国であり自然豊かな場所であることは知ることができた。キャンプなどのアウトドア活動が趣味である私は、キルギスに対しての興味をさらに深めていったのである。

　そんな中、ちょうどカンボジアでの業務を終えた時期に、キルギスでの企画調査員の公募を見つけ「これだ！」と思った。私に迷いはなかったが、モンゴル在住中に当時のモンゴルの医療事情にかなり危機的な状況を覚えていた妻は、旧ソ連諸国のキルギスの医療事情も良くないに違いないと考え、幼い子ども2人を連れてのキルギス赴任に難色を示した。しかし、そんな家庭の事情をよそに公募は再々公募まで進んでいく。「ほらね、俺に来いってキルギスが呼んでるんだよ！」と妻を説得し、無事赴任に至ったのだった。

アポなしで陳情に訪れる人々

　ビシュケクにあるJICA事務所に籍を置き、企画調査員という立場で農業農村開発を担当し、農業や農村の状況についてあれこれ調べる日々が続いた。キルギスの輸出金額第1位品目であるインゲン豆の調査や、農業における農薬使用とその影響、農業協同組合の実情、キルギスからヨーロッパに陸送で農産品を届けるルートとその間にある検問所での賄賂の回数など、キルギスの状況を知るためにあらゆる調査を行った。そして、調査を進める中で、キルギスの課題が浮かび上がってくるとともに、自然環境のすばらしさやそのポテンシャルの高さに少しずつ理解が深まっていった。

また、地方出張や調査のための関連機関からの情報共有を進める中で、さまざまなキルギス人と知り合いネットワークを広げていった。その当時からJICA事務所には、アポなしで私を訪ねて来るキルギス人がたくさんいて、支援の陳情に来ていた。例えば、「養蜂家が蜂蜜を売りたいがどうしたらいいか？」「肉を食べた後の羊の毛を捨てるしかなくどうしたらいい？」とか、あらゆる人がJICA事務所に相談に訪れた。キルギスに来る前に働いていたカンボジアは、NGOのメッカということもあり、多くの場合はNGOなどの支援団体が前面に出て支援の協議をした。しかし当時のキルギスにはNGOの存在がほとんどなく、支援を求める人たちは援助機関事務所へ直接折衝に来た。キルギス人は団体ではなく個人を特定して協力を求める傾向が強いため、農村開発担当の私への相談件数がやけに多くなったが、私自身、こういった個人的相談にのることでより深く実情を知ることにつながったと考えている。この時期のキルギス共和国は、2005年にはチューリップ革命、2010年の争乱と政治的・経済的に不安定な時期であり、使われていない荒れた農地が目立ち農業技術も立ち遅れていた。また、農業省は農業技術の普及制度を仕組みとして持っておらず、農村開発という観点で開発を行う行政の仕組みもなかったため、困った農家はあちこちに出向いては陳情することが普通に行われていた。地方出張中に行政機関を訪問すると、陳情の列を目にしない日はなかった。

地域市民組織「ジャーマット」の存在

　こうやって、企画調査員として調査に走り回る日々の中、「ジャーマット」と呼ばれる地域市民組織（CBO）の存在があることを知った。キルギスは村落コミュニティが弱く、ほとんど村組織が機能していないことから、世界銀行の提案によりコミュニティにジャーマットと呼ばれる自助グループをつくることになり、2005年にキルギス政府が制度を開始したのだった。ジャーマットを形成して村役場に届け出ると、生産物の販売に対して5年間無税という仕

組みが考案された。実際の利用制度までは作られず、結果、免税システムは機能しなかったものの、この制度により多くのジャーマットが形成され、イシククリ州だけで2,000件を超える数が登録を済ませた。3人以上のメンバーの名前と活動内容を明記して、村役場に提出するという登録方法だった。形成されているジャーマットを調査してみると、多くが開発援助機関からの支援を受けており、フェルトをほぐす機械、ジャム瓶を煮沸する蒸気発生器、太陽光でフルーツを乾燥させる温室型器具など、さまざまな資機材を保有しているグループが多数あることが分かった。ジャーマットは、村組織や地方行政が発達していないキルギスにおいて援助機関の予算を正当に支出できる組織としての機能を果たし、援助機関の支援先となったわけである。個人に公的資金を支出するわけにはいかないが、行政に登録されている法的根拠のあるグループなら大丈夫だ。こうして多くの機材がジャーマットの申請によって提供された。しかし、それらの機材を利用して生産し、販売している商品はほとんどないか、あったとしてもその品質は極めて低いものだった。機材は埃をかぶっているか、2～3回使ったら壊れたけど、部品がないからそのままにしてるといった状況がほとんどであった。残念ながら援助機関が配布した機材が活用されている現場を見ることは少ない。

　JICAの一村一品の対象となっていた7つのグループもまたジャーマット登録だった。他の援助機関と違って、7つのジャーマットはジャムやフェルト製品などの商品を生産していた。しかし、この7つのジャーマットも、プロジェクト終了後には活動を停止してしまう可能性が非常に高かった。「どうしてなのか？ 供与機材が使われないことや、せっかくの支援の結果、生産活動を続けられない状況がどうして起こるのか？」そこにはそれなりの理由があるはずである。その理由や解決方法を探りながら、「真に必要な支援とは何か？」を考えながら、活動しているのがこの一村一品プロジェクトなのだ。

1－3　手探りのスタート

このまま終わらせるのはもったいない

　2009年9月、一村一品プロジェクトフェーズ1が終了間際となった頃、今後の懸念事項を考えた。それは、支援した7つのジャーマットが、プロジェクトの終了後も活動を継続していけるか？ということだ。なぜなら生産した商品の販売によって十分な利益がないために他の仕事を探して生産メンバーの数が減っていたことや、プロジェクトで調達したジャムの瓶や羊毛は、プロジェクトが終われば自分たちで調達するすべを持っていなかったからだ。私には何とかしなければという強い思いがあった。

　そこでまず、この7つのジャーマットについて調べてみた。7つの対象地を訪問し、ジャーマットメンバーや周辺住民からの聞き取り、商品生産現場や品質確認などを行った。そこで分かったことは、商品加工生産を行う環境が全く整っていないこと、商品の品質の基準が全くないこと、対象者以外は村の住民のほとんど誰も一村一品事業のことを知らないこと、であった。生産環境や品質基準が整っていなければ当然良い商品は作れないし、売れるはずもない。しかも、村組織が弱く、コミュニティが発達しておらず、村落内の人間関係が希薄なキルギスの農村部では、情報を隠す傾向が強く、一村一品運動に参加して商品を作っていることは誰にも話していない、いや話さないようにしている状況があった。日本のように自治体が地域全体に広め、地域住民が幅広く参加するイメージの一村一品運動とは程遠い状況だ。

　当時、一村一品商品が売れるかどうかの調査をする目的の店舗（リサーチショップ）が運営されていた。観光客向けのインフォメーションセンター内に設置してあり、夏の観光シーズンになれば幾ばくかの売上があったが、生産者視点で見れば売上は微々たるものである。先に説明した通り、キルギス人の一般的な生活はたくさんの副業・副収入で形成されている。一村一品プロジェクトの支援内容で、お金が稼げないか、それほど儲からないのな

ら、止めて違う収入源を探すのも当然のことだ。プロジェクトをこのままで終わらせるのはもったいないと考えた私は、自ら行動をとることにした。JICA本部へプロジェクトの1年の延長を申請し、2009年9月からは企画調査員の活動の一部として一村一品プロジェクト活動をスタートしたのである。企画調査員という立場を超えて、自らプロジェクトを実施するということは、通常あり得ないことだ。活動を始めるにあたり、それまでに各国のプロジェクト実施で見てきたさまざまな課題を思い浮かべながら、どうやったらプロジェクト予算を効率的に、より多くの人に裨益する仕組みをつくれるかを考えてみた。

交通費、日当、宿泊代も一切自腹で

真っ先にやったのは、イシククリ湖周辺3カ所での「生産者合同アドバイス会」の実施であった。先に説明したジャーマットは機能していなかったが、その存在は大きいと思っていた。出来不出来にかかわらず、ジャーマットというコミュニティグループが2,000以上も登録されており、何かしらの活動を自発的に行いたい人たちがいることは間違いない。それがたとえ援助機関からの支援を目的に形成されたグループだったとしても、一村一品運動を進めるうえで活用できると判断した。そこで、登録してあるジャーマットを中心に、何らかの商品を作っている人やグループに呼びかけることにした。イシククリ州のジャーマット調査などからある程度の状況は理解できたものの、生産者にどれぐらいの意欲があるのか、また、まだ見ぬ人材や商品は何があるのかなどの疑問を解消するため、地域の生産者を一同に集めて商品や意欲の確認を行うことにしたのである。

このイベントを行うにあたって、私はいくつかのルールを設けた。1つは交通費、日当宿泊代、コーヒーブレイク、ペンやメモ用紙に至るまで一切何も出さないというもの。支払いなしでどれぐらいの人が集まってくれるのかを確認するためである。不思議に思われるかもしれないが、途上国開発の世界では、援助機関・宗教団体によるさまざまな支援やプロジェクトが行われて

いて、その多くの現場では、会議の参加者に対して交通費や日当、昼食、文房具、時には宿泊費まで支払われる。これが一般的なのだ。しかしJICAは他の援助機関と比べ、開発途上国からの参加者に対して厳しい仕組みを採用しているケースが多く、それゆえ、研修参加者を確保することに苦労するという話をよく聞く。地方から研修に来る人たちの中には、交通費もなければ昼食も買えない人たちだっている。だからと言って会議招集のためにお金を払っていては、会議を実施した実績が残るだけで、参加者の真剣度を高めることにはならないのだ。キルギスは貧困とは言っても、自然豊かな農業や自然の恵みたっぷりなところで、食べるのに困っているレベルではない。支払いを一切行わず、どれぐらいの人が集まるのかを見てみようと考えたのである。また、そこに来た人たちを見て、どんな人がどんな物を作っていて、どれぐらいのレベルの商品なのかとその販売価格を見極めたかった。とりわけ伝統的な食材、食品、ハンディクラフトを生産する際の技術レベルなどは確認しておく必要があった。

　けれども、このような我々の意図は生産者へはあえて伝えなかった。呼びかけの文言は、「日本から商品開発の専門家が来るから、アドバイスが欲しい人は集まれ！」というもの。ここでいう専門家とは着任して数週間目の海外協力隊員である。皆さんご存じかと思うが、商品を見定める1つのポイントは「よそ者視点」にある。そこに住んでいる人はなかなか気づけないが、よそ者ならではの視点でその村や商品の良さを発見してもらおうというもので、まだキルギス文化にどっぷりつかっていない着任したばかりの協力隊員にはうってつけといえよう。海外協力隊員にとっても、着任後すぐに地域住民と顔見知りになれる機会が生まれる。海外協力隊の持つ若者センスから商品に対するどんなコメントが出るのかも楽しみだった。

ドナーハンターはお断り

　もう1つの狙いは、ドナーハンターの排除である。ドナーハンターとは、「ド

ナー＝援助機関」と「ハンター＝狩猟家やあさる人」をくっつけた私の造語で、要するに、援助機関の支援をターゲットにして生きている人たちのこと。開発途上国には、残念ながらこのドナーハンターとなってしまった人たちが少なからずいる。こういった人たちは、プロジェクトが始まるということは援助団体から何かしらの支援、お金、機材をもらえる絶好のチャンスであると考えている。「いかにしてプロジェクト対象に選ばれるか？」が活動目的になってしまうことがあるのだ。キルギスで仕事をしていると、さまざまな国際機関が行う講習会、トレーニングなどに講師として一村一品プロジェクトの説明をしてほしいと依頼を受け呼ばれることがよくある。また、一村一品運動の一環でキルギス中を飛び回っていると、よく出くわす毎回同じ顔の地方の人々がいらっしゃる。何百キロ離れている州でもだ。「あれ、また会ったね」という感じで挨拶するが、この人たちは援助機関の実施する研修やトレーニングを次から次へと渡り歩いている人たちなのだ。研修を受けて、ホテルで食事、普通は泊まれないようなホテルで一泊。ちょっとした旅行気分で、これが楽しくないはずがない。今日も来週もこのドナーの研修でスケジュールは過密、あわよくば海外にも行ける。このような人が数十人規模ではなく、キルギスにはたくさん存在していて、世界各国の援助機関が実施するさまざまなイベントを渡り歩いていた。

　このような人たちは、ある意味1つの生きるすべを習得しているといえる。しかも、ものすごくおおらかに考えれば、こういった研修や援助機関が実施するプロジェクトの下請けを行う団体の人たちがもらい、動かすお金が、消費に回されて、結果的にその国の経済を押し上げているともいえる。しかし、商品を作って販売することで地域経済を活性化しようとするプロジェクトにおいては、正直言ってドナーハンターは阻害要因となる。「JICAプロジェクトが何かをしてくれる」という考えを一村一品参加者からなくす必要があり、その手段の1つとして、交通費、日当、宿泊費などの支払いを一切行わないことにし、「地域住民が自らの行動を起こして、生産をした人のみが、販売

によって利益を得ることができる」という定義のもと、地域住民に集まってもらうことにしたのだった。

多岐に及ぶも品質・技術はいまひとつ

　イシククリ湖は周囲が400km以上もあることから、生産者を集める場所を3カ所に分けた。当時のイシククリ州政府の協力を仰ぎ、幅広く集会の情報を伝達してもらった結果、それぞれの場所で100〜200名近く、3カ所合計で540名ほどになった。集められた商品は、パンやスナックなどの小麦製品、ジャム、ドライフルーツ、野菜の酢漬けといった食材、フェルト商品、ウエディングドレス、木彫り、絵画、キルギス定番土産のカムチ（乗馬用の鞭をお土産にしたもの）まで多岐に及んだ。JICAの協力隊員、プロジェクトの業務調整員、JICA事務所の企画調査員、プロジェクトスタッフ等で商品を見定め、品質改善アドバイスを行っていく。生産者たちも楽しそうに、一生懸命に商品説明を行った。これまでの人生で、こんな田舎まで外国人が来て商品についてあれこれコメントをくれることはなかったであろうから、説明する側も真剣だった。生産者と顔を突き合わせての直接的な情報共有のやり取りは想像以上に楽しく、多くの情報を集めることできた。

　3カ所の商品品評会で分かったことは、多くの地域住民が何らかの商品を生産していること。本業とは別に収入を得るために作っているが、販売が芳しくなく、もっと販売したい、そのために少々の移動や出費はいとわないと思っていること。遊牧民という気質もあるのか、長距離の移動はなんともない様子だった。また、生産している商品は、ジャムなどの保存食品はホームメイドレベルだが、ハンディクラフトはビシュケクにあるお土産のコピー商品が多く、東南アジアのそれと比べると技術的に決して高いとは言えなかった。しかし中には、「これはすごい！」とうなずくようなクラフト作品もあり、今後が楽しみになった。たとえ品質が悪かったり製造技術が低かったりしても、イシククリ湖周辺の人々の中には何らしかの商品を作って収入に変えようと努力

している人たちがいると分かり、また具体的な生産者の顔を覚えることができた重要な会議となった。

作ったジャムの糖度を知らない

第1回目の3カ所の商品評価会を受けて、さらに絞り込み作業を行うことにした。3回のアドバイス会に参加した540名に対して、イシククリ湖東端のカラコル市での一泊二日の日程で、「フェルト技術と食品加工のベーシック技術指導のワークショップ」を行う提案をした。これも一切の資金的な支払いはないという条件。プロジェクト予算を使い、地元のフェルト技術者と食品加工専門家を雇い、ホテルの会議室とキッチンに分かれて技術指導を行ったところ、この2回目の技術トレーニングには初回の540名から140名の参加があった。この技術訓練を経て、食品加工分野の生産者は糖度計やPHメーター（酸度計）といった基本的な計器類をほとんど使ったことがないことが分かった。ということは、自分のジャムにどれぐらい砂糖が入っているか知らない。プロジェクトフェーズ1でジャムを生産した支援グループですら、自分たちの商品にどれぐらい砂糖が入っているか測ったことがなかった

初めての技術指導会

のである。殺菌方法もさまざまで、要するに家庭で作っている商品を瓶に詰めただけだということがよく分かった。フェルトでも、多くの生産者がフェルト商品を作っているが、見様見真似で技術的指導を専門家から受けたことはないようだった。フェルトの素になるウールの知識や入手先なども定まっていないことが分かり、生産を安定的に行うための環境が整っていないことが判明した。

　後々になって私も理解するのだが、歴史的にみてもキルギスでは加工産業が発展しておらず、一次農産品を旧ソ連諸国へ送るだけで、加工はほとんど行ってこなかった。羊などの家畜を食の中心においてきた遊牧生活では、日本のようなさまざまな食品を食べない。乳製品の使い方は幅広いが、それ以外の食品加工技術は著しく低い状況にあった。南部バトケン州やジャララバード州の杏やプラムは、すべてタジキスタンやウズベキスタンで加工されてから旧ソ連諸国へ運ばれる。各国の国民性を踏まえ、ソ連時代にうまく作業分担されていたのだ。遊牧に必要な天幕（ユルタ）を覆うフェルト幕は、野外で作られることもあり、草などの自然素材から羊に付けられる目印のペンキ、プラスティック類、虫の卵などを巻き込んでいて、高品質とは

遊牧民の伝統的な移動式住居に必要な天幕（ユルタ）

かけ離れていた。それでも参加者の技術を学ぼうとする意欲は高く、そのエネルギーを一村一品運動に活かしたいと考えた。こうして2回目の技術指導会も無事終了することができた。

1－4　一村一品組合の設立

グループや生産者の本気度を確認

第2回目のカラコル市での技術指導を終えた後、集まった人たちに「これからどうしたい？」というテーマで会議を開いた。話し合いを進めていく中で、生産者がたどり着いた共通意見は、1.とにかく作った商品を販売してお金を稼ぎたい、2.販売先がない、3.原材料などの安定入手先がない、というものだった。私の中では、組合を作ることを想定したうえでの会議なのだが、プロジェクト側が押し付けない形をとる必要があった。地域住民が熱く意見を出し合いながら話した結果は私が考えていた通りとなり、加工生産物を作っている人たちをまとめる組合を形成することで皆の合意を得た。

それから2週間後、第1回目の参加者なども含め組合形成に合意した450名が集まり、組合を作る目的やルールを協議し、組合リーダーと各県のリーダーを選んだ。また、このプロセスの中でプロジェクトの実施方針などを伝えて、組合の方針とプロジェクト方針に齟齬が出ないように話し合いをした。そこで決めたことは

- ●誰でも参加できること。
- ●参加者が生産者であること。
- ●CBO（もしくは企業登録）を村役場に登録すること。
- ●プロジェクトからジャーマットなどのグループ形成や、一村一品組合への積極的な勧誘はしないこと。

の4点だった。組合設立の意図はどこにあったのだろうか。

希望する人は「誰でも参加できる」は、地域全体で面的展開を図るためにイシククリ地域全体の参加者を増やすことを意味する。一村一品運動だから、幅広い地域住民が参加する必要がある。しかし、参加したい人は何らかの商品を生産する必要があるのだ。多くのキルギス人がJICAプロジェクトの支援や資金目当てに、彼ら彼女らの夢を説明しにやって来るが、こういった人たちは実質の生産者になる準備ができていない。具体的に次の一歩に進めるために、彼らの持っている商品または素材などを実際に持ってきてもらう。素材も商品も持ってこない人はたいてい再び一村一品プロジェクトを訪問することはない。そうすることで、そのグループなり生産者の本気度の確認ができ、商品に対するアドバイスも容易になるという考え方だ。これらの条件を満たし、商品と共にジャーマットとして村役場に登録されることで、晴れて一村一品組合のメンバーとなれるのである。

　「プロジェクトからは勧誘しない」は住民に対してではなく、プロジェクト内部の規則である。あくまでも地域住民の自発性を尊重することが重要であり、プロジェクト成果を出そうとしてプロジェクトの意思によって住民を集めても、それは継続性のないものになってしまう。真に生産活動を行って収入を増やすことに真剣な人たちをメンバーに加える方法として、このような規則を設けた。そうやって一村一品組合は形成され、そのメンバー数を毎年少しずつ増やしていった。

貧困者・社会的弱者が参加しやすいように
　一村一品組合の形成には、もう少し深い開発途上国ならではの理由があった。まずは、何らかの商品を生産している人たちを集める。この初期段階の人たちは、すでに商品を作っているということに加えて、やる気やビジネスマインドを持つ人たちである。一方、JICAプロジェクトとしては、地方部に住む貧困者や社会的弱者を対象にしたいのだが、組合形成の初期段階においては本当に支援が必要な貧困状況の人はなかなか近づいてこ

ない。これは、貧困者が資金や施設などを持っていないからということではなく、「新しいことへの時間と努力を費やすことで、より貧困に陥るかもしれない」という危機感を持っているため、参加をためらう傾向にあるのだ。重要なことは、2つのステップを用意すること。そして、これらの貧困者や社会的弱者が入りたいと思うグループを形成することである。これを「核の形成」と呼んでいる。

　社会的弱者は、新しいことへのチャレンジが取り返しのつかない、さらなる貧困を生むかもしれないという恐れから、得体のしれないものにすぐに飛びついたりしない。だから、一番初めの核になるグループは、意欲的で新しいことに取り組みたい意志のある人たちで形成しなければならない。この核が今回の一村一品組合なのである。組合の活動が活発化して、商品がどんどん売れているならば、貧困層や社会的弱者に「私も入りたい」と思わせる起爆剤となる。実際に良品計画の商品生産に当たって、だいぶ経ってから参加してきた人たちがいたのだが、彼らの中には「儲かるかどうか分からなかったから傍観していた」とか、「夫から援助団体にだまされるから参加するんじゃない」と止められていた人がたくさんいた。いきなりターゲット層に働きかけるのではなくて、参加しやすい環境をつくろうというわけである。

1－5　目的を共通化できるMVVの設定

　組合設置後まもなく「MVV（Mission, Vision, Value）」を設定した。ミッション・ビジョン・バリューは、日本語でいえば「使命・目標・付加価値」で、大手企業であればどこでも設定しているその会社の目指す方向を分かりやすくしたスローガンのようなものだ。社長が決めて会社をまとめるのに使われる。プロジェクト実施のためにつくられる、プロジェクトの設計図にあたるプロジェクトデザイン・マトリクス（PDM）は地域住民には分かりにくい。そこで、一村一品組合参加者にとって分かりやすく、活動の向かっている方向を共通認識として示せるものが必要だと考え、以下のとおり設定した。

第1章 遊牧民と大自然の恩恵

一村一品組合の形成

ミッション：地域1人ひとりの力を結束させることで、地域経済を活性化させる。
ビジョン：6年後にイシククリの一村一品モデルが他州でも知られている。
バリュー：イシククリのリソースを使って世界的に通用する商品が作られる。

　特に「ミッション」は重要で、個人主義が強いキルギスにおいて、地域的な連帯をどう行うのかは重要な課題だと考え、連携を強調した。「ビジョン」は、イシククリ州で始める一村一品がキルギス全体で知名度を生むことを狙っている。そして、「バリュー」は品質が世界基準であること。世界基準が何なのかは不明だが、それでもいい。これを読んだ参加住民が、なんとなく向かっている方向が高みを目指していると分かればいいのである。このMVVを参加グループの生産場所に貼り、皆で復唱しながらの活動開始となった。実は、一村一品発祥の地である大分県の当初スローガンだった「桃栗植えてハワイへ行こう」といった、より具体的な目標を立ててやりたかったが、プロジェクト開始当時はまだ海のものとも山のものともつかない状況だったために、私から提案したMVVを、組合リーダーや当時の組合事務局メンバーとで話し合って認定することにした。そして6年後の2017年には、3つとも現実のものとなった。

41

VOICE① 生産者の声

ヌルベック・ムサリエフ（男性42歳）
ナリン州タシュラバットクッキー生産者

　私は2017年に一村一品運動が、私の住むナリン州に来た時に生産を始めました。一村一品の説明会に行ったときにクルトと呼ばれるキルギスではどこでも売っている塩味の乳製品を提案しました。しかし、それは売れないからと、クルトを使って、しかも地域の有名観光地である石造のシルクロード時代のホテルの形を取り入れたクッキーをプロジェクトから提案されました。クッキーの形が石造ホテルの正面の形をしていて、この建造物の名前であるタシュラバットと印字がしてあります。始めの頃はタシュラバットクッキーは小さなパッケージだけでしたが、今では贈答用の箱入りもあり良く売れています。

　国際機関が行うさまざまなトレーニングに参加しましたが、一番ためになっているのは一村一品で教わったことです。それはビジネスを焦らずに、少しずつ事業として成長させることです。私がそうであったように、あれもこれもやりたがるのがキルギス人気質なのです。私はクッキーの売れ行きが良かったので、すぐに全く違う食品加工に手を出そうとしましたが、JICA専門家から何度も諭されてタシュラバットクッキーの拡大に専念することにしました。おかげさまで、今では一村一品ショップ以外からも注文が入るようになりました。また、一村一品プロジェクトが他の援助機関と連携して、クッキーを量産するための機材を入手することとなり、現在自費で工場を建設しています。これまでは、ナリン州にやってくる観光客に対して胸を張って渡せるお土産がなかったのですが、このタシュラバットクッキーなら、州の観光地があしらってあり、素材もナリン州のものだけを使っています。我ながら自慢の商品です。これからも生産の拡大を行っていきます。

VOICE② 生産者の声

イスマイロバ・サルクン（女性52歳）
イシククリ州ショルブラク村フェルト生産者

　私は、一村一品運動に参加する前に、2004年頃から近くに住む友人等とフェルト商品を作っていましたが、ほとんど売れていませんでした。2010年に一村一品運動が私の住むショルブラク村に来てから、新しいデザインのフェルト商品や新しい工場ができて、品質が向上し、生産量が劇的に変わりました。特に良品計画からの発注の生産は忙しくしています。良品計画向けの生産商品はもう14年目になりました。たくさんの女性たちと一緒に作業していますが、キルギスでは多くの女性が集まるだけでもいろいろな難しさがあり、始めた頃は簡単ではなかったです。いろいろな噂や誤解からくる誹謗中傷などがありました。しかし、今では40名ほどの女性たちと和気あいあいと作業をしています。また、夫がフェルトを正確に作れる治具開発や家庭の仕事を手伝ってくれるなどして大変助かりました。家族のサポートがあっての生産活動です。今ではフェルトグループの中でも熟練者として生産技術を指導できるまでになりました。一村一品運動に参加したころは38歳だった私も52歳になりました。まだまだ、頑張ってフェルト生産を続けて行きます。

第2章

プロジェクトの基盤づくり

2 − 1　一村一品運動の船出

ステークホルダー会議の設置

　MVVを設定したのはいいが、一村一品運動を次の段階に進めていくには、まだいくつかやらねばならないことがあった。その1つが、情報拡散の仕組みをつくることであった。組合は形成したが、情報の拡散には生産者以外も巻き込む必要がある。つまり、一村一品運動をイシククリ全体へと広めるための仕組みを考えねばならない。

　地方行政が旗振り役を担ってくれたらスムーズに行くかもしれないが、予算と人材不足の折、地方行政だけではなかなかうまく進みそうもない。キルギス人は個人主義が強い傾向にある。一緒に働いているキルギス人が皆口を揃えてグループで働くことが苦手だというし、実際、働いていてそう思う。シャイな性格や親族以外の人たちとグループや会社で働く経験が少ないことから、グループメンバー間で情報を共有することが利益につながるという発想になりにくい。都会のビジネスマンや大学ならまだしも、地方に住む農牧業を主体とする人たちならなおさらだ。特にキルギスの田舎では、地域社会で行われているさまざまな情報が伝わらない。生産活動、観光、行政の制度、援助機関のプロジェクト、銀行の融資制度、農業の現状、海外からの物資流入といった情報が広く地域の住民へ情報共有されることは少ないのである。そこで少しユニークなステークホルダー会議（SHM）を実施することにした。

　ステークホルダーとは、1つの事案に対して関係している人たちを指す。今回のステークホルダーは、イシククリ州という広い範囲に住むすべての人たちだ。域内で活躍するさまざまな関係者が一同に会して協議を行うのだ。具体的には、州政府知事・副知事・各部署担当、県、村役場、援助機関代表、金鉱山、旅行会社、銀行、ホテル事業者、土産物店、その他さまざまな組合や地域にある機関。そして中心的なメンバーを一村一品の生産者として、興味のある人はオブザーバーとして誰でも参加可能なステー

クホルダー会議を始めることにした。この会議のユニークなところは、誰でも自由に発言できること。参加者の発言を促すには、まず一村一品運動の進捗プレゼンテーションを行い、この中で課題を提議する。例えば、羊毛が集まらない、資金がない、機材がない…、題材は何でもよいが、場の雰囲気づくりとして一村一品プロジェクト側で準備しておく必要がある。

こういった問題提議を準備するのは始めだけで、会議に慣れてくると参加者から自然と出てくる。SHMを開始した当初は、「一村一品工場にしてくれ」「お金をくれ」「政府は能なしだ」などの一方的な要求もしくは批判だった。行政官からすれば、このような会議に出るのは嫌だし、「また批判か！」となる。しかし、回を重ねるごとに少しずつ発言に変化が生まれてきた。当初の批判から「現状の説明」に変わってきたのである。数回のSHM経験者は少し落ち着いてきて、今具体的にどのようなことに直面しているかを話し出した。するとその発言は、すぐさまその場にいる他の関係者とつながりを生む。例えば、ある人が「農業を拡大したいがいい種がない」と言えば「ある援助機関が支援しているよ」とか、「フェルト生産しているが、洗うのが大変」と言えば「あそこの村の洗浄機があって、1kgいくらで洗ってくれるよ」というように、次々とつながりができてきた。その情報のやり取りを聞きながら、州知事、副知事は必死にメモを取る。人々は、州知事のところに資金や支援をくれと個人的な都合で陳情には来るが、地域的な課題を相対的にみて、複合的な問題が目の前でつながるような当事者の会話は聞くことが少ないのだ。この目の前で起こっている情報のシェアは、州知事たちにとっても驚きの連続のようだった。情報をシェアしない環境とはそういうことなのだ。

地域課題解決の糸口に

一村一品運動の生産活動が進み、より具体的な課題が見えてくると、「原材料が足りないから皆で協力しよう」「ジャムの瓶が必要だけど最低発

注量が6,000個で一生産者では買えないのでジャム生産者同士で一緒に調達しよう」など、意見に変化が出てきた。政府やドナー関係者は、ここで情報を得て新しいプロジェクト形成のために何が必要か具体的な課題を知ることができた。SHMには毎回100〜150名ほどが集まったが、一村一品プロジェクトの進化とともに地域課題が少しずつ解決に向かっていることが実感できた。またSHMに参加することで、「一村一品の活動を行うことは、自分だけが収益を得るということではない。一村一品メンバーは地域の一員であり、経済成長の一部分を担っていることを実感する」（参加者コメント）、という相乗効果も期待できる。SHMで最も記憶に残っているシーンがある。5回目あたりの開催時、ある援助機関が新しいプロジェクトが始まることを説明している時だった。1人の一村一品生産者が急に立ち上がり、「新しいプロジェクトやクレジットはいらないから我々の生産している商品を買って（売って）くれ、それが一番お金を得ることができる」と発言したのである。会場は拍手喝采となった。生産者の考え方の成長を一同が実感した瞬間であった。

　一村一品運動の良いところは、一村一品という言葉の定義が曖昧なとこ

ステークホルダー会議情報共有

ろだと思っている。会議で人を招集しようとすれば、議題や関係者を絞る必要がある。そうすると自ずと狭い範囲でしか協議できない。高度に成長した社会や会社部署での協議であれば、絞り込んだ範囲での事柄について話し合うのは当然のことだが、開発途上国支援の地方において、地域一丸となって物事を進めるには、このように関係者一同を集めた会議が、特に開発の初期には有効だと思う。簡単なようで、意外とこのような会議が行われていないのが開発途上国ともいえるのである。

2-2 インパクトとなる成果を求めて

カラコルショップを開設

一村一品組合をイシククリ州に設立したのは良いが、最初のメンバーとなった人たち約450名が確実に一歩前に進むには、"インパクト"の提示が必要だった。ここで言うインパクトとは、参加者が一村一品運動に参加したことで実感できる達成感や実際の成果のこと。モチベーションを上げて、次々に行動を起こして成功の連鎖を生む基盤とするためである。また、一村一品組合を設立した後、外部から一村一品の活動の様子をうかがう人たちが組合活動へ興味を持つためにもインパクトは重要だ。このために、早急にインパクトとなる成果を出す必要があった。

一村一品運動の初期段階において、特に注視してきたことは、生産活動に参加するすべての人が、なるべく早い段階で収益を手にできることを実体験することであった。援助機関のプロジェクトがお金を配ったのではなく、家畜や車を担保にお金を借りたわけでもなく、生産者が自らの努力で作った商品が売れることを、早急に実感させる必要があったのである。また、400kmも離れた首都のビシュケクではなく、まずは近い環境を作ることが重要と判断した。そこで、プロジェクトフェーズ1で大学敷地にあったリサーチショップを移転させ、ビジネスベースの一村一品組合ショップを開設することにした。カラコル市内の空き家を数十件歩き回り、探しては、オーナーとの

価格交渉を行っていった。ちょうど、カラコル市のメインストリートで、しかもカラコル市で最も古い建物に空きがあり、当時の相場で、月200ドルで借りることができた。支払いは商品の売上から出すことで一村一品組合とも合意。イシククリ州の地元に販売先が確保できること自体が生産者にとって非常に利便性の高いことであり、いつでも商品を持ち込める一村一品ショップ（通称カラコルショップ）は大きなインパクトとなった。

　また、カラコルショップの利用規約に一村一品組合のメンバーであることを盛り込んだことにより、組合メンバーのメリットを示すことにも一役買うことになった。プロジェクトが生産や販売の仕組みづくりや技術支援などに時間をかけすぎて、結果収益が上がらないのでは参加者も離れていく。このために初期段階では、品質の向上や参加者の理解度が十分でない状況においても、同時並行で販売促進を実施する必要があった。当時はまだ、カラコルまで来る外国人観光客も少なかったが、カラコルから西140kmのチョルポンアタにあるビーチリゾートから足を延ばす人たちもちらほらいたことが救いだった。それから数年後には、一村一品カラコル店は店舗面積を拡大して店舗借り上げ費は800ドルとなったが、売り場面積の拡大により集客数が

カラコルショップの設置

増え、店舗売り上げも増大し完全なる黒字を達成するまでに成長した。

良品計画からJICAに打診

　2010年10月、1本の連絡が本部よりJICAキルギス事務所に入る。㈱良品計画からJICAへ打診があり、「JICAと良品計画との連携で商品を作りませんか？」というものだった。このメッセージはJICA本部から世界のJICA事務所へ出され、80カ国が何らかの回答をしたと聞いている。JICAキルギス事務所で企画調査員だった私は、このメッセージを受けて瞬時に「この案件は実利のある形にできる」と判断した。幸運のメッセージと捉えた私は、この案件は絶対にものにするという気持ちで行動に移した。

　まずは、キルギス国内で連携できそうな素材や商品からフェルトを選び、サンプルをJICAへ送付した。その後、良品計画側からフェルトを使ったアイデアが出された。良品計画の選考のための第一弾の依頼は、フェルトによる太陽系惑星6種類とペンケースのサンプル作成だった。この時点で、案件が合格するかどうか不明であったが、JICA本部ともやり取りしながら形成途中であったイシククリ州の一村一品組合メンバーとサンプルを作った。そのサンプルを良品計画に送付するとともに、組合メンバーに集合してもらい、サンプルの商品をどのように皆で生産できるかの算段を始めた。良品計画の手掛ける無印良品は、素材や製法にこだわっている。白いシャツにフェルトを擦り付けて色落ちがないか、人毛の混入がないか、ウールの洗い方など、良品計画からのさまざまな質問に答えた。カラコルにも出かけていって、組合形成の準備を進めながらも、良品計画商品の説明や生産方法について話し合った。その後、ケニアのソープストーンと並びキルギスのフェルト商品が無事に採用された。JICA本部から良品計画への強い推薦もあったと聞く。生産した見本の中から、地球と木星のフェルトボールのセット、それとペンケースが選ばれたのだった。

全員総出で何とか出荷にこぎつける

　そこからが大変だった。フェルト生産の右も左も分からない中で生産は開始された。企画調査員業務を行いながらの良品計画生産は、今から振り返れば相当なウルトラＣであった。村人たちは遅くまで働き頻繁に停電になるため、古い羊毛をほぐす機械は止まり、時には蝋燭の灯で生産することもあった。イシククリ州に派遣されている海外協力隊も、生産者と一緒になって働いてくれた。皆必死だったが、そんなビッグイベントは村にはなかったため、夜遅くまでの作業も皆楽しんでいた。そうやって生産された商品であったが、ビシュケクに届けられて開けてみるとひどい匂いがした。バスタブで洗い直し、しまいにはJICA所長を含む所員、海外協力隊、日本人主婦までもが引っ張り出され、ホテルの地下を貸し切った部屋に入れ代わり立ち代わり、総勢30名ほどで1つひとつ手直しをすることになったのである。

　「キルギスから初めて出荷される良品計画向け商品です」「大変申し訳ないが支援をお願いします」——日本企業への初の出荷ということもあって、入れ代わり立ち代わり多くの人にボランティアで商品の手直しを手伝っていただき、何とか出荷にこぎつけたのであった。1回目の生産と出荷は、本当に何も知らないままがむしゃらに作ったので、今となっては高品質とは言えない商品であった。良品計画のスタッフの皆さんもそんな商品を受け入れていただき、暖かく見守ってもらったことに本当に感謝している。

　良品計画への出荷が終了し、生産開始から数えて6カ月が経った頃、村人はいろいろと噂していた。6カ月も経って支払いがない、だまされた…、そんな噂で生産者はソワソワしていた。6カ月も支払いを待つなんて村人レベルではあり得ない話なのだ。納入後30日以内の支払い契約。11,350個もの商品を作った200人にものぼる生産者が支払いを待っていた。11月の初めに振り込みがあった時は一村一品プロジェクト一同本当に胸をなでおろしたものだ。次に問題となったのは生産者への支払い方法である。村人に現金を支払うことは容易ではない。キルギス通貨であるソムに支払い分を換金

良品計画商品生産について説明する筆者

良品計画生産停電の中での作業

するとスーツケース2つ分になる。そんな大金を持って村々を回って支払うのは、村では目立ちすぎるしそれこそ迷惑だ。そこで、年度末に組合の会議を開くことを提案し、良品計画の生産者もそうでない生産者も一同に会して、組合結成後初めての年末の報告会とすることにした。

会議終了後にいよいよ良品計画の支払いである。約7カ月間一度も支払われなかった生産費用は、生産者によっては3,000ドル近くになった。その

当時の3,000ドルは牛6頭分にもなる。女性が両手で持てないぐらいの金額を一遍に手にしたのである。それは喜びを通り越して驚きとなり、一村一品運動を推進するためのインパクトとしては十分なイベントとなった。ある人は洗濯機を買い、ある人は家畜を購入。夫がトラック配送業を始めるのに買った8,000ドルの中古トラックの頭金にした人もいた。キルギス人は、毎月の給与や商品の売上はもらったらすぐに何らかの支払いになって、家畜でも売らない限りまとまった現金を見ることはない。それが、7カ月も支払いを待ったおかげで、いわば一時的な貯金をしたようなものであった。このように、核となった一村一品組合がカラコルショップを設立し、良品計画の生産を達成したことは、一村一品関係者だけでなく地域全体への大きなインパクトとなったのである。

ブランド委員会の設立

SHMによって情報共有を促進しながら、カラコルショップの設立準備を行い、良品計画の生産に躍起になっているとき、時を同じくして1つ重要な課題に取り組まねばならなかった。それは「品質の向上」である。一村一品プロジェクトにより商品開発を進めながら、その開発された商品を生産する人たちが品質のことを理解するには、何らかの枠組みが必要であった。そのため、商品の中からブランド商品を認定するために、商品を評価する「ブランド委員会」を立ち上げることにした。フェーズ1のプロジェクトですでにイシククリブランドの名称とロゴは作成されている。このブランドロゴをベースに、そのロゴの使用権を決める委員会をつくったのである。

カラコル市はイシククリ州の州都であり、行政機関のイシククリ本部があるので、ブランド委員会のメンバー選定には困らなかった。州政府職員、4つの県の代表、大学教授、消費者権利団体、品質検査機関、品質を管理する行政機関であるキルギススタンダード、ゲストハウスオーナー、お土産ショップオーナーなど、地域の重要ポジションや関係者30名をメンバーに据

えた。地域で活躍する人材をたくさん入れることは情報の拡散につながる。こうやってイシククリブランド委員会は設立された。

次は、イシククリブランドにふさわしい商品を選ぶこと、すなわち品質基準をどのように設定するかである。この基準を決めるために、事前の勉強会を行うなどして、「ブランドとは何か？どうやって評価すればいいのか？」などを決めていった。最終的には、①イシククリ州内で採れる原材料を使用していること、②原材料に化学薬品などが使われていないこと、③イシククリ州にあったパッケージデザインであること、④生産者はイシククリ州に在住して州内で生産していること、⑤品質検査の証明書があること、の5点を決めた。

自信を深める評価委員たち

第1回目のブランド委員会は2011年7月、ちょうど次のプロジェクトデザイン策定を行うため、キルギスを訪問するJICA調査団を迎えるタイミングで行われた。JICA本部からの調査団受け入れは、通常の調査団よりも忙しくまた楽しいものとなった。というのは、この調査団のタイミングに合わせてカラコルショップのオフィシャルなオープニングセレモニー、初のイシククリブランド委員会実施、良品計画のフェルト商品生産現場の視察など、地域住民へ向けて用意した"インパクト"つまり生産者のモチベーションアップのための仕掛けや成果の視察と重なったからである。ブランド委員会で審査された商品はフェルト、ジャム、蜂蜜であった。評価員たちは不慣れながらも、生産者の前で味見や品定めを行い、点数を付けていった。意外だったのは、評価員たちが水を得た魚のように、あれこれ積極的にコメントをしてきたことだった。すべてのことは知っていると言わんばかりの自由なコメントがたくさん出てきた。考えてみれば、「何が高品質か？どんな商品だったら売れるのか？日本向けの商品と国内向けの商品とはどこが違うのか？」という指導を受けたこともないし、海外で流行っている食べ物を気軽に買って食べるよ

うな環境でもないから当然のことだろう。

　しかし、それでよいのである。ブランド委員会の真の目的は、単に商品を評価するだけでなく、地域で活躍するキーパーソン等が一村一品商品を手に取り、味見することで、商品に対して理解度を深め、一村一品商品のファンになってもらうことだからだ。近くのスーパーやテレビコマーシャルで新しい商品が次々と宣伝、販売されるような環境ではなく、昔からある、知っているものだけで事足りる生活の人たちが、食べたこともない商品を受け入れるのは簡単ではない。だからこそ、その商品と向き合って評価する機会を設けることに重要な意味があるのだ。

　結果的にこの仕掛けは大成功に終わり、評価会が終わったときには評価員は皆自分たちの地域商品が誇らしく、大好きになっていた。これをきっかけに彼らは、本人が気づかないうちに一村一品商品の宣伝要員となっていたのだった。お客さんや友達が来れば、「あの商品はいいよ」「外国人へプレゼントするなら一村一品商品がいいよ」と進めてくれるだろう。商品を生産する場所、生産する人たち、その地域、町に住むさまざまなキーパーソン、それらのすべてが一村一品運動を広めていく"仕掛け"として機能し始めたのである。

イシククリブランド・ショップ設立

　2011年は、無事JICAによる次期プロジェクト形成も終わり、カラコルショップの正式なオープン、ブランド委員会、良品計画の納入・入金も済んで、2012年1月からのプロジェクトフェーズ2の開始を待つ段階となった。そんな中取り組んだのは、ビシュケクでの一村一品商品の販売である。カラコルショップは夏の観光シーズンは良いが、冬になれば観光客はほとんどいないので、組合メンバーの商品を販売するには十分とはいえなかった。そこで首都ビシュケクで販売できる場所を探すことにした。

　そのころ私は、企画調査員として調査を続ける中、日本政府の拠出によ

り、国際機関が支援した資金で形成されたキルギス全国フェルト組合があることを知り、その組合形成に付随する形でお土産店が経営されているのを知った。しかし、形成されたフェルト組合は機能しておらず、販売している商品の多くはキルギスのどこにでもある商品か中国産だった。キルギスでよく見る組織はできたが継続ができないパターンとなっていた。その状況を見た私は、またお節介な気持ちが出て、日本ファンドで実施したものがこんな状況では恥ずかしいと思い、そのお土産店の一室を一村一品ショップとして借り上げることにした。この国際機関の支援で実施したフェルトプロジェクトの担当省は、一村一品プロジェクトと同じ経済省であったこともあり、当時の経済省担当副大臣とも相談したうえで、正式にイシククリの商品を販売するイシククリブランドショップとすることにした。

　2011年11月9日、経済省大臣等と共にオープニングセレモニーを開き、イシククリ州の一村一品組合で作られた商品の販売を開始した。ここではフェルトに加え、ジャムや蜂蜜などのイシククリブランドに認定された商品を中心に販売した。ビシュケク在住のキルギス人顧客の反応を見たり、さまざまなコメントを吸収し商品開発に活かすことができるようになった。20㎡ほどの小さなスペースだが、店舗を商品で満たすにはまだまだ十分ではなく、本格的な商品開発と生産者への技術指導が必要であった。

> **VOICE③　スタッフの声**
>
> **ナズグル・イブラエバ（女性36歳）**
> **カラコル一村一品ショップ店長**
>
> 　2016年より一村一品ショップの店員として働き始めました。それまでは、トルコ、タイ、チュニジア、イスラエルなどでツアー関係の仕事をしていました。キルギスに帰ってきてからさまざまな仕事を渡り歩いていましたが、一村一品ショップでの仕事があると聞いて面接を受けました。一村一品ショップがあるカラコル市は、首都ビシュケクから400kmほど離れたキルギスの東のはずれにあります。しかし、そんな環境にも関わらず、この街にできた一村一品ショップで働き始めたとき、多くの外国人がショップを訪問したことに、すごくびっくりするとともに、彼らとコミュニケーションができるこの環境が好きになりました。また、店員なのにたくさんの訓練を受けることができて、ショップが少しずつ拡大していく日々の変化を楽しんでいます。私は他の国での経験から外国人との接し方や英語などの外国語をしゃべることは得意でしたが、一村一品に入ってから経理や書類作成など苦手に思っていたことも訓練により少しずつできるようになりました。これからも一村一品商品を販売するフロントラインとして頑張ります。

第3章

一村一品運動の仕掛けと基本戦略

３−１　プロジェクト実施のための５つのポリシー

　2012年、いよいよフェーズ2が本格開始となった。私の立場も企画調査員からプロジェクトチーフアドバイザーとなり、プロジェクト推進により注力できる環境となった。フェーズ2が開始されるにあたり、まずはプロジェクトデザインとは別にさまざまな『実施上のポリシー』を決めることにした。プロジェクト自体の方針や商品開発など「基本的にこの考え方で行きます」という、プロジェクトデザイン以外の部分での『一村一品プロジェクトのDNA』を示すためのものであり、次の5つを設定した。

（1）プロジェクトの予算を投資と考える。

　さまざまな開発プロジェクトをこれまで見てきて、また実際に手掛けてみて、開発途上国支援をもう一歩ビジネスにつなげるためには、"途上国開発のために利用される予算のさらなる効率的な活用"が重要であると感じる。プロジェクトに割り当てられる予算を、通常のビジネスのような考え方、つまり投資として捉えて、うまくビジネスが軌道にのるような仕掛けやビジネスの基盤形成に利用してはどうかという考え方だ。通常のビジネスは、利益が出にくい、もしくはビジネスの予測が立てにくい投資は当然行わない。ましてや途上国開発は、法の未整備から貧弱なインフラ、教育レベルなどさまざまさまざまな困難が待ち受けているため、一般的に普通の会社なら手を出さないし出すことを控える。この状況では開発途上国で培われたビジネスの芽が開くチャンスがつながらない。一方で、国の事業であるJICA事業は、対象国の経済発展や社会的弱者支援、貧困削減にダイレクトに取り組むことができる支援である。この2つの間をつなぐことを考え、その考えに沿ってJICAによるプロジェクト予算を有効に活用し、一村一品商品でビジネスが継続的に行える土台づくりを行うことが重要だと考えた。この場合、法整備やインフラ整備など、ビジネスを間接的に支える土台づくりではなく、なるべく村落における生産者が生産物を現金化できる仕組みづくりにこだわることにした。特に、

プロジェクト活動がダイレクトに地域住民の収益向上につながる活動、もしくはその資金を使って持続的ビジネスができるシステムをつくる、という目標を掲げたのである。

(2) モデルづくりや技術指導に終わらない。

　農村開発の特に難しい部分として、「モデルは広がらない」というジンクスがある。世界中で行われてきたさまざまなプロジェクト支援により形成されたモデルが、自然に地域や国に広がったという事例はあまり多くはないはずだ。プロジェクトの成果がカウンターパート機関や地域住民により横展開し、地域に広がっていくといった考えは、我々支援する側は捨てなくてはならないと考えている。何らかの具体的な機動力と牽引力のある仕組みをつくらないと、モデルは広がらないのだ。そもそも対象国が経済破綻しているとか、モデルが広がらない根本理由があるが、1つの要因として、地域住民にとってリスクが少なく、簡単で、たくさん儲けられてやりがいがある、魅力的なモデルでなければならないのだ。プロジェクトの実施に当たって、この部分を特に強く意識した。

　モデルの自然な横展開が難しいという実情に加え、キルギスの行政の1つの特徴として、省庁は政策策定を行うのを主目的としており、普及制度・組織を持っていない。経済省から各州に配置されている部署でも、データを取って本省へレポートすることを主な仕事としているために、省庁のスタッフを対象に一村一品開発や行政の役割を教えただけでは農村に変化は起こらない。長期的に省庁内に残る人材は少なく、毎年のように変わるスタッフに対しての人材育成にも限界がある。日本の一村一品事例を紹介してもモデルが出来上がるわけではない。機材を提供して、生産者に技術指導して、商品のデザインを考えて、サンプル商品ができて、その写真を報告書に載せる。これだけのことをやっても実際のところビジネスとして成り立たない。本当の成果を出すには、一村一品商品の開発から販売、収益、

収益の再投資による生産拡大までを見届ける必要があるのだ。このサイクルを繰り返しながら、この事例を経済省としてどのように伸ばしていけるのかを共に考える。よりボトムアップの実践的な一村一品運動の実施と、それを政策に落とし込んでトップダウンで指示を出す両方を鍛えていく必要があると考えたのである。

(3) 末端（村人）まで届く支援を行う。

皆がどんなに優秀で、まじめで、正確に、プロジェクトデザインを詰めていっても、開発途上国の末端（村人や農村）には何も起こらないことがよくある。それは、多くの開発にかける時間や努力を違う部分に使っているからではないかと思うのである。もちろんカウンターパートとの協議、合意文書の締結、モニタリングシートに経理処理、毎日行う熱い議論、すべて重要だ。しかし、それらの作業が全体作業の70％を占めるとしたらどうだろう。一体、いつ現場で、直接裨益するべき地域住民と協働して、収益を上げる具体的な作業をやれるのか。「そこまでは我々の仕事ではない」「それは裨益国の行政がやるべきこと」なんていう言い訳が聞こえてきそうだが、そうだろうか。我々が取り組んでいる途上国開発は、カウンターパートの状況、個々人の能力、資金、チームワーク、情報伝達、どれをとっても難しい状況が付き物だ。日本の地方開発ですら簡単ではないのに、他国の開発をやるのに相手国任せで成果が出るわけがない。末端まで支援を届けるにはどうしたらいいのかを常に考えることを、プロジェクトのポリシーの1つとした。

私がよく説明することの1つに、「商品が店頭に並んでいることが1つの指標である」という考え方がある。納入が途切れることなく店頭に並んでいる1つの商品があるとしよう。その商品は、生産者に対して商品生産技術が伝授され、原材料の安定的調達、瓶などの副資材調達、工場の環境整備、機材の使い方、配送方法や受け取りと支払い方法、税金処理など、すべて実施され運用されているという証という考え方だ。どんな分厚い

報告書よりも説得力がある。地域住民へ指導された内容が、店頭に並ぶ商品に表れるという考えである。地域住民への直接的な支援、つまり末端への支援が達成されたかどうかは、商品が並んでいるかどうかで判断できるわけだ。言い換えると、一村一品商品を販売する店舗経営を成功させるには、数百にも及ぶ商品の管理、それを作っている生産者育成や生産環境整備、経営ノウハウの指導、と大きく3つの要素がある。店舗経営が成り立っているということは、これらの3つの要素について関係者を指導し、技術移転が成功し、地方で生産される商品流通、いわゆるバリューチェーンが構築されたことの裏付けとも取れ、地方農村開発の成功とも判断できるのである。

(4) 明確な指標を設定する。

　JICAや国際機関のプロジェクトでは、成功したかどうかを測るために指標というものが設定される。プロジェクトの種類によって指標も異なるが、橋を建設するプロジェクトのゴールは橋の建設が完了することであって、これは明らかである。しかし、農業農村開発の指標の設定では、技術指導や新しい品種の導入実験といったことだけでは不十分になることが多い。技術指導の後、専門家不在でも技術が使われているか、新しい品種は人々に利益をもたらしたかなど具体的な変化を図るために、住民の笑顔ではない何か別の指標が必要なのである。トレーニング回数や供与した資機材数、また裨益者からのアンケート結果が指標になっている場合、それは全く当てにできないデータになる。もっと、正確で、ごまかしようがなく、文章説明だけでない、そんな指標が良いと考えた。

　一村一品プロジェクトでは、プロジェクトが運営するショップや輸出など、直接把握できる売上を指標にすることにした。地域の生産者が自ら販売したものは、不確実性の高いデータとなるためカウントしない。そもそも、当時の一村一品生産者を含む地域住民は税金をまともに払うという考えがない

ことから、売上などはなるべく口外しない人が多いうえに、正確にビジネスの記録を取る習慣も見受けられなかった。「どれぐらい売れている？」なんて質問を生産者にすると、「税務署の回し者か？」と言われるぐらいだった。プロジェクトの成果が実際どうなっているかを正確に測るためにも、なるべく不確実な状況を排除することにしたのである。この考え方は、2011年7月のプロジェクト形成調査団からも支持され、実際のPDMの指標に具体的な販売に関する指標が取り入れられた。

(5) 納税者にも分かりやすい事業。

日本国民にとって、海外協力隊は比較的知られている制度かもしれない。しかし「JICAは何をしているところ？」となると回答できる人は少ないだろう。島国日本が世界とつながって、日本への理解が進み、助け合える環境をつくるJICAの支援は本当に重要である。しかし海外支援に興味を持つ若者が減る中、ただJICAのアピールをしても振り向く人が少ないのも事実なのだ。難しい開発用語でのJICAの説明ではなく、もっと開発途上国と日本のつながりを持てるような方法はないだろうかと考えると、やはり途上国で

初めて良品計画の店頭に並んだ一村一品商品

作ったものを手に取ってもらう、買ってもらうことではないだろうか。物（商品）があれば、よりダイレクトに途上国やODAのことが伝わる。日本の税金が海外支援に使われて、生産者たちは大満足だ。その支援結果で生まれた商品を日本の企業が買いつけ、日本で販売する。日本の消費者もその商品が大好きになって、日本の税金の使い道に納得する。そして、その生産している国の情報も広がっていく。それこそが「日本の税金は日本のために！」ではないだろうか。この考えから、良品計画だけでない他の一村一品商品も輸出国をなるべく日本向けにして、一村一品の生産者とJICA、輸入する日本企業、日本の消費者がつながるよう心掛けることにした。

　以上の5つの実施方針を掲げることで、プロジェクトに関わる専門家やスタッフがどこを目指しているのか、やって良いことと悪いことの判断ができるようになった。

3－2　地域住民が理解しやすいものづくり

　プロジェクトの実施方針に基づいて活動を始めたが、商品の開発や販売についての方向性も決める必要があった。一村一品運動を行う場合、日本では村々における食文化の違いや保存食の豊富な環境があり、またそれらが商品として販売されていた。地域の名産となれば購入したいと考える人が多くいて、またそれを購入できる経済的な余裕があった。加えて日本の場合、道の駅などの販売所やアンテナショップ設置・運営の補助金などの行政支援がある。しかし、こういった環境が整っていない場合、何を作って、どこで、どうやって販売すればいいのか、どこを目指して商品を開発するのか、一定の方向性を示す必要があった。販売先をキルギスのバザールと呼ばれる地元の青空市場にするのか、空港のお土産免税店にするのかではだいぶ活動が違ってくる。第一に考えたのは、地域住民にとって生産活動が持続可能になることであった。

現地で手に入る物だけを使う

キルギスの農産品は、ソ連時代に現在のCIS諸国への物資供給を目的に導入・生産されてきた畜産や果樹などが、現在でも引き継がれており、キルギスの各地域の環境に適した品種が持ち込まれている。ソ連時代の物流チェーンが断たれたことがキルギス人による販売先開拓をより難しくしたが、地域の環境に適した農産品を使った加工ビジネスを行うことは、経済開発上理にかなったことといえる。時代とともに消費者ニーズやビジネススタイルも移り変わるために、これらのソ連時代からの遺産をどう現代版マーケットに合わせていくかが重要な開発ポイントになった。また、ワイルドベリーやハーブなどの林産素材も自然豊かなキルギスならではのものであり、これらを使わない手はない。現地素材だけを使って何が作れるか、つまり現地で手に入る物だけを使うことに徹底的にこだわってみようと思った。

2005年、2010年と政治的課題から内乱状態に陥ったキルギスでは、問題が起きる度に輸入商品が途絶えた。これでは、何かある度に生産を行うための原材料の輸入が滞り生産が止まってしまう。このような状況から、現地の物だけを使うということは、生産地域を訪れた旅行者や、首都でその商品を手に取る生産地域出身者等の共感を生む仕掛けにもなった。

誰でも作れる

これに加えて、特殊な機械や技術を使わなくても生産可能な商品の開発を基本コンセプトにした。これは、生産を始めようとする人たちが参入しやすい環境を心掛けるということだ。重要なポイントは、資本や機械がなくても手作業という人の労力と時間を使って商品という形に変換することで、ハンドメイドという付加価値に変えられるという考えである。この付加価値を生むためには、誰でも作れることが重要である。まじめに取り組む姿勢とほんの少しの根気——これがあれば誰でも作れるような商品だ。従って、ハンディクラフトであればシンプルなデザイン、簡単な単純作業、素材や工程の簡素化

が求められる。支援対象者は、ビジネスマンやすでにある工場ではなく、小規模な農村のグループであるため、生産用の機材に投資を行うのも危険だ。まだ、販売もしていない、お金もない人たちに、負荷をかけさせるわけにはいかない。一村一品運動に参加したいと考えているが、躊躇している人や小規模投資もできない人たちでも参加しやすい環境づくりを心掛けたのが、「誰でも作れる」である。

3－3　プロジェクト活動の本格化

タスクフォースチームを結成

2012年1月、「キルギス一村一品プロジェクト」活動（フェーズ2＝一村一品アプローチによる小規模ビジネス振興を通じたイシククリ州コミュニティ活性化プロジェクト）は本格的に始動した。チーフアドバイザーの私は、カウンターパートである経済省の経済開発部に籍を置きながら、イシククリ州の首都カラコル市にある州政府の一室をプロジェクトオフィスに、首都ビシュケクとカラコルの2拠点をベースに活動を開始した。経済省の中には、一村一品を実質的に実施する窓口や人材は存在しない。多くのドナープロジェクトも似たようなもので、キルギスの行政機関にプロジェクト毎に人材を確保する余裕はなかった。一村一品プロジェクトを直接監督する窓口部署をつくる予算や人材もなかった。一村一品運動のような分野で、横断的に事業を進めなくてはならないプロジェクトの場合、必然的に省内のさまざまな部署が関係してくるが、部署間の連携調整もキルギス側に任せていては進まないのもまた現実であった。JICAプロジェクトではJCC[3]という形で、プロジェクト調整をカウンターパートと行う仕組みが設定されているが、JCCだけでは関係部署間での一村一品運動の理解促進や実施促進には十分ではな

---

3) JCCとは、プロジェクトの意思決定機関で、中央政府の高官やJICA関係者など、プロジェクトのすべての関係者が集まり、これまでの経過報告や今後の予定などを報告し、承認を得る重要な会議。

かった。

　そこで、一村一品運動推進に必要な各部署をメンバーとしたタスクフォースチーム（TFT）を立ち上げることにした。経済省内のいろいろな部署の職員を集めて構成されたTFTメンバーが、横断的に一村一品運動推進について協議、活動する体制である。TFTは、地域開発部、貿易振興、投資促進、技術基準管理、中小企業振興を管轄する部門などに加えて、経済省傘下で輸出入手続きサポートを行う窓口部門など8部署によって形成することにした。月一回の協議やプロジェクト進捗説明、カラコルまでTFTと出張しての研修、国内外のフェアなどへの参加などを地道に続けているうちに、TFTメンバーが少しずつ一村一品の意味を理解し、積極的に一村一品の説明や他のグループ、ドナーなどへの紹介を始めるようになっていった。一方で、実質のプロジェクト活動の拠点であるカラコル市の州庁舎に置かれたプロジェクトオフィスは、私と業務調整員の日本人2人、それに3名のキルギス人スタッフ、運転手2名の計7名の実施体制で業務を開始した。

設計図なしで製品を作っていた

　始めに取り組んだのは、良品計画の商品としてすでに2年目が始まっていた「フェルト商品」の開発である。良品計画への納入だけでなく、キルギスの一村一品オリジナルフェルト商品を開発する必要がある。まずはフェルトの特性を知ろうと、自分で作ってみることにした。良品計画の1回目の生産で大体の商品生産工程は理解していたので、見様見真似で、マグカップホルダー（カップの保温ケース）を制作することにした。やってみると意外と難しい。お湯と石鹸を使ってフェルトを縮絨させていくのだが、どこから成形をスタートさせればよいのか分からないまま試行錯誤を重ねていった。縮絨そのものは30分程度、結構、力と根気を必要とした。乾燥するときの縮絨率、それを換算して作る最終の形を保持するための木製の型の準備などを行うと、1週間ほどかかった。

ついでに出来上がったフェルトマグカップホルダーを、紫キャベツで染めてみる。草木染の知識は全くなかったが、意外にもきれいな紫に染め上がった。できたカップホルダーをカラコルのプロジェクトオフィスで披露すると好評だったので、さっそく設計図に落としてみた。サイズはもちろん、重さや成形手順も書き加えた。工業系大学出身の私にはたやすい作業であったが、この作業を通じて、一般的なキルギスにおけるものづくりにはこの工程が欠けていることを再認識させられた。工業デザインともいえるものづくりにおいて、設計図は欠かせない。しかしキルギスでは、多くの生産者が全く設計図なしでフェルト商品を作っていた。設計図があって、自分自身で一度商品を作ってみることで、生産者への指導方法がより明確になっていく。ある程度生産技術のある人と同じものを作ってみて、製造工程の見直しやより簡単に作れる方法を考えるのにも役立った。フェルト加工を指導する短期専門家を派遣して、フェルト技術指導も行ってみたが、一番学んだのは生産者ではなく私自身だったかもしれない。こうやってフェルト生産の極意を学んでいった。

良品計画の生産技術指導を受ける

　そんな中、2012年の良品計画の出荷準備は進んでいった。良品計画本部からも、今後の連携のための協議およびモニタリング指導のために出張チームがやってきた。良品計画の商品生産をするうえでやってはいけないことや、異物混入を防ぐ対策など多くを指導してもらい、マニュアル作成なども進めた。2年目は1年目に生産したペンケースを進化させた蓋付きの小物入れを生産した。良品計画のモニタリングチームの1人、生産技術指導者が村の生産現場を訪れた時だった。蓋の部分は、丸いフェルトボールをボタン代わりに穴に通して蓋を閉じるデザインで、そのフェルトボールボタンをしっかり固定するにはどうしたらいいのか、生産者もあれこれ試行錯誤していた。

そんな時に良品計画の生産技術者が、生産者と一緒にフェルトボールの取り付け方について、あれこれ話し始めた。良品計画「こんな留め方があるけどどう？」、生産者「あら、いいわね、それならこの部分に糸をこっち側に通したらもっといいんじゃない」、良品計画「いいね、それにこの縛り方をしたらOKだね」と。共通言語で話し合えない２人の作業は、あたかもすべてが理解し合えているがごとく進んだのだった。その作業の様子を見ていた我々JICA専門家や、JICA本部からの出張者、海外協力隊メンバーは、生産現場の生きた技術指導を目のあたりにして皆感動したのだった。このように、２年目の良品計画の生産は１年目と違い、良品計画からのさまざまな指導によって進化していった。村々に分かれて行われている生産現場での石鹸はすべて同じものを使うこと、ごみや鉄分が入らないようにする方法、針などの危険物管理や品質管理方法など多くを学んだ。一村一品プロジェクトも、現場からできる作業効率化や村の環境で良品計画基準を守るにはどうしたらいいかなど、さまざまな工夫をしていくことになる。

3－4　新しい一村一品運動の在り方

商品の大まかな方向性が見えてきた

　ビシュケクの有名なツム・デパートの４階にあるお土産コーナーは、キルギス産やキルギス風に見える中国産などのさまざまな商品が集められたさまざま土産販売階となっていて、キルギス的なデザインとビビットな色使いのフェルト商品が並んでいる。私は、一村一品運動を行うにしても、商品を販売するには少し違うやり方が必要と考えていた。ビシュケクショップの一村一品コーナーには特徴的な商品が置いてあるものの、ショップ全体を見れば、別の管理者がさまざまな商品を持ち込んでいるため、ツム・デパートとさほど変わらないと感じていた。第三者から見れば、普通にあるただのお土産屋と思われても仕方ない状況だった。

　ビシュケクにはもう１つの有名なお土産店があって、トゥマールというフェル

トを中心として、陶器やアクセサリーなどさまざまなハンディクラフトを販売していた。ここの商品はアーティストの商品を集めたもので、フェルトの生産に関するノウハウはソ連時代から続くフェルト加工の施設などを有しており、産業としての基盤を持っていた。加えて、さまざまなデザイナーやクラフト作家が作る商品の出来栄えは、一般的な商品のそれとは違う群を抜いていた。

　一村一品の生産体制を考えた場合、生産者は普通の村人であり、アーティストでもなければ技術者集団でもない。作家やアーティスが作るような商品のレベルのものは作れない。かといって、どこにでもある同じようなコピー商品を作っても、すでにあるマーケットに参入することで、JICAの一村一品プロジェクトが競合他社から非難されることも考えられる。こういった背景を考えて、生産する商品の大まかな方向性ができてきた。それは、「デパートなどのお土産屋に出回っていない商品で、シンプルなデザインで、品質が高く、村々で作ることによって一定量が揃えられる商品」であること。こういった方向性をさらに深く考えながら、マーケットにない、付加価値が付けられるものを目指すようにした。実際のマーケットには個人作家作品か、デザインがコピーされた低品質の商品の2つのカテゴリーしかなく、商品を工業製品としてデザインが企画化され、量産された商品というものがすっぽり抜けていることに気付いたのである。

村人まかせの産品選びから、売れる物の提案へ

　日本で始まった一村一品運動ではあるが、日本のように昔から食べられている地域商品が村々にあって、新しい商品を考える創造力や開発力があるような国はそれほど多くはない。どちらかと言えばキルギスでは、古来より食べてきたシンプルな料理、季節毎や祝い事などの行事用の定番料理といった、何百年も脈々と引き継がれてきたものが生活の中心となっていた。そのような文化・習慣の背景の中で、村人に「売れる商品を考えて」といっても無理があった。加工食品やハンディクラフトでビジネスを起こしたい人が考

えつく商品は、大方すでに誰かがやっている商品になってしまう。村人からの聞き取りによって、供与された機材が使われていないことはすでに説明した通りだが、周りがすでに生産している、もしくはマーケットにすでにたくさん存在する商品生産を、中途半端な機材を使って生産しても勝ち目はないだろう。このために村で生産する商品は、あらかじめ売れることを想定し、マーケットニーズやデザイン、またそれに付随する品質の商品を一村一品プロジェクトとして生産者に対して積極的に提案することにした。

　そうなると「売れる商品とは何か？」ということになる。せっかく生産者がやる気になっているのに、プロジェクトが提案した商品が売れないのであれば問題だ。もしも、キルギス全体が新商品の開発が苦手な国民であるとするならば、「プロジェクト主導で一体いくつの商品を考えたらいいのだろうか？」「地域の素材をどのように売れる商品に仕立て上げていけばいいのか？」「どれぐらいのバラエティがあれば一村一品運動として一定の評価となるのか？」そんな疑問を抱えながら考えを進めていく。

　素材のポテンシャルを活かした商品化や販売方法は、開発途上国での販売に特化した特別な方法というものはなく、日本や世界で行われている一般的な商品開発手法に倣えばよいのである。キルギスでは、こういった商品開発に大々的に取り組んでいる企業はほとんどないし、一部の企業家だけが行っている作業だった。これを踏まえて、一般的にビジネスの世界では誰しもがやっている「売れる商品作りの方法」に加えて、キルギスならではの考え方を取り入れてみた。商品開発においては、まずは、定番中の定番的考え方である"商品のストーリー"が必要になるのだ。

商品の持つストーリーを活かす

　商品化や販売時に必要なことの1つは、商品の持つストーリーをその地域の文化習慣に合わせることである。わざわざ明記する必要もないぐらい知られていることだが、開発途上国のものづくりには意外と欠けているポイント

なのだ。自分の国の歴史や文化、習慣、伝承、遺産・遺跡、食文化、観光地に焦点をあてた商品開発を行っている国は意外と少ない。そして、こういった商品の背景をストーリーとしてセットにすることで付加価値が付く。観光地であるジェティオグス村にある7つの雄牛と呼ばれる奇岩をモチーフにしたクッキーや、古来キルギス遊牧民が使ってきた塩の泉の塩、またソ連がキルギスを併合する前には使われていた伝統的ハーブ石鹸などもそれにあたる。具体的にその地域に残る文化や歴史とつながっていることが、観光客や顧客を魅了することになるのだ。

　プロジェクトを進める中で、JICA専門家側にとっても、商品開発をやってみたいと志すキルギス人にとっても重要なポイントは、1つの素材を多様な商品へと変化させることである。JICAが活動対象としている国の多くは、単一農産物を作り続ける「モノカルチャー経済」が一般的で、こういった国では単一食品だけを食べ続ける、1つの道具だけでさまざまな作業を行うといった傾向も特徴としてあり、文化習慣的に日々の食事は単調で、新たな技術導入・更新を行わないことが多い。基本的に目指していることは、一村一品商品により地域が活性化することであるから、すでに地域に存在していて、長年生産し続けている農産物などの1つの素材を、複数の商品や利用方法へと変化させて多様化を図ることを目指してきた。例えば杏は、新鮮な杏の実からジャムやジュースなどが作れる。ペーストにして半乾燥させたものから日持ちのするお菓子などができ、カチカチに乾燥させればパウダーにしてお茶やクッキーが作れ、種から絞ったオイルを使ってスキンクリームやさまざまな化粧品が生まれる。さらにオイルを絞った粕を使えば洗顔用スクラブもできる。このように、1つの素材からたくさんの商品を作ることを心掛けることで、商品数をどんどん増やすことができる。

　そして何と言っても売り上げにつながる重要なポイントは、素材の持つ潜在能力の活用である。その地域にある素材が持つ潜在能力を、商品開発以前から見極めておく必要がある。また、ヨーロッパやアメリカなどの先進国

での消費者ニーズを把握しておく必要もある。流行、健康、美容、オーガニック、マニアックなどのキーワードのもとアンテナを張っておくことが必要であり、不飽和脂肪酸、ポリフェノール、アンチエイジングなど、何が身体によくてどの素材からそれが採れるのか、理解したうえで開発を進めていかねばならない。キルギスにある素材からそれらの美容・健康維持に有効な物質を特定し、商品開発に活かす必要があるのだ。例えば、キルギス一村一品ではシーバクソン（サジー）の果実からオイルを取っている。シーバクソンオイルには不飽和脂肪酸のオメガ7が大量に入っている。「オメガ7は抗炎症作用に優れ、傷や火傷の修復、肝臓の保護などに良く効く」というように、あらかじめマーケットで注目されている機能成分などに着目して商品開発を進める必要があるのである。

ほったらかし果樹に付加価値を

　キルギスの大自然と農業や林業を見ていくと、日本や世界で普通に我々が使っている日常品や美容・健康商品が、あまりにもいろいろな素材によって作られていることに改めて気づかされる。カビが生えては困るし日持ちしないといけない、見た目の色も重要といった具合で、あれこれと添加物を入れる。一方、加工産業自体が発達していないキルギスでは、素朴で美味しい農産物そのままのものが多い。なかでもイシククリ湖周辺で採れるリンゴ、ナシ、杏といった果実は、農園のスタッフが毎日手入れしてできるような、手間暇かけた日本のそれとは違う。家庭果樹園とでも呼ぼうか、お金がないからなのか、キルギス人の性格なのか、別に消毒するわけでもなし、摘果して少しでも大きいサイズを作ろうといった努力もしない。何もしないし、ただ一年中ほったらかしているだけ…。収穫の季節になれば旧ソ連諸国から大型トラックが来て、各家庭の庭から果実を二束三文の値段で回収していくのである。

　そんな状況だが、食べてみると素朴で、甘くて、香り高いではないか。

確かに日本の手間暇かけたものとは違うし、高級な贈答品とはいかない。しかし、決して劣っているわけでもないのだ。考えてみれば、すぐ近くのイシククリ湖は塩湖で虫がわかない。栽培されている場所は1,600〜2,000mの標高があり、夜と昼の寒暖差によって糖度が高くなる。消毒も何もしないし、人件費がかかっていないから安い。「見方によっては、すばらしい付加価値が付けられるのでは？」と考えた。そして、何もしない、ただ放置しているだけだから「ほったらかし農法・果樹」と命名した。「何もしないから美味しい果実」は、本当に無農薬であり、イシククリ湖周辺の環境の良さを表すものとなった。日本で言うところのユネスコエコパーク、海外では生物圏保存地域バイオスフェアに登録されているイシククリ湖周辺。ヨーロッパでは、オーガニック認証よりもこのバイオスフェア地域でとれた食材のニーズが高いこともある。安心・安全をどこに求めるかだが、ほったらかし果樹に付加価値をつける、いやすでに付加価値が付いているともいえるのだ。

　一村一品の杏ジャムを、フランス産、トルコ産、ドイツ産を取り揃えて食べ比べしたことがある。各国のジャムをそれぞれ単体で食べると、それなりに美味しい。しかし、世界のジャムを並べてキルギスの一村一品の杏ジャムと食べ比べれば、その味は全くもってキルギス産が圧倒的に美味しいのである。自画自賛？いや、それには理由がある。どこの国のジャム会社も大量に作るために、また原材料の輸送や貯蔵などを簡単に安くするために、水分を一旦抜いた濃縮原材料を使い、水を加えて還元して原材料に使っている。何万本ものジャムを同じ味にするためにさまざまな調整も行う。これに対してキルギス一村一品の杏ジャムは、ほったらかし農法によって、なんとなく素晴らしいイシククリの環境で育った果実だ。その日に収穫した完熟杏を60リットルの小さなボイラーで煮込み、癖のないエスパルセット蜂蜜で甘みを足すだけ。どちらが美味しいかは味見しなくても分かるというもの。一村一品ならではの小規模生産だからできる味ともいえる。ほったらかされた果樹たちに新しい付加価値をつけて、地域資源から、本当に美味しい価値ある

ものを消費者に届けようという訳なのである。

3 － 5　ソーシャル支援グループ「OVOP＋1」

　それまで農牧業を主体としてきた地方の人たちが、食品加工やハンディクラフトなどの加工産業に参入した場合何が起きるのか——。一村一品運動は、基本的に個人の発想や投資によって行われる自由経済の中で行われる運動である。それゆえ、助成金などの国の支援が期待できない場合は、銀行からの借り入れか、財産を持っているか、他のビジネスで成功しているか、何かしらの資金的な目途がなければならない。開発途上国の人たちが突然加工産業に新規に参入すること自体、非常に危険である。借金してお金を使った挙句、失敗する可能性が高いからだ。加工産業に参入する多くの地方生産グループの生産体制は貧弱で、加工に必要な投資はなかなかできない。そもそも生産規模が小さく、総じて地域住民や近くのマーケットへの販売をあてにしていることが多く、商品の販売価格も安く設定しがちだ。そうなると投資したお金の回収にも時間がかかる。そういった状況の中で、付加価値の高い商品の開発・生産は、都会での販売の可能性が出てくるのだが、ふつう地方在住の人たちだけでこの考えや商品製造には至ることはない。

　開発途上国における従来の生活スタイルが農牧業を交えた副業混在によるものであることや、そういった従来の生活様式が衛生観念や品質管理の理解を少し難しくしていること、それに加えて貯蓄をする概念がないことや、計画を立てそれに沿って実行する習慣がないことなどから、企業としてのビジネスを実施する基本的なスタンスに至らないことが考えられるのだ。こんな状況の中で、どうやって地域住民をサポートしながら、高い品質の商品を作り上げていけばよいのだろうか。

組織自ら資金を稼ぐ必要性

 一村一品組合の結成から1年半、それまで組合事務局として機能してきた部分だけでは、販路拡大やロジスティクスが回らないほどの規模になっていた。特に新しい商品開発や品質管理など、地方部に住む生産初心者では難しい部分を放置したままでは、商品バラエティは増えないし、MVVに設定した「世界に通用する商品」を作る部分が進んでいかない。そこで、組合形成時からアイデアのあった"組合のロジスティクスとビジネス部分を支援する組織"の設立に踏み切ることにした。その際、設立を後押しした理由の1つが、BDSと呼ばれるビジネスを動かすために社会に存在する関連企業の不在であった。

 経済活動を支える業種が、当時のイシククリ州にはほとんど存在しなかった。運送、デザイン、コンサルティング、機材販売、翻訳、印刷等々、さまざまな社会的機能としてあるべきサービスがことごとく存在しなかった。あったとしても個人事業で、契約、見積もり、領収書を出さず、時間を守らず、オーダー内容と全く違ったことを行う。フェーズ1で支援していたジャムの生産者グループは、プロジェクトが手配した瓶を使っており、その瓶がなくなれば400km離れたビシュケクまで買いに行くことになるのだが、業者が要求する最低発注量は1パレット6,000本だった。そんなに大量に瓶を発注する予算も、6,000本のジャムを作る予定もなかった。これでは、生産者が生産活動に専念できないし、資金的に小規模な資材調達規模に抑えて、事業を最小単位にした身軽なスタイルを構築できなかった。考えてみれば、多くの開発途上国の首都から離れた地方部はこんな感じだったろう。お金持ちが事業を立ち上げて工場を建てるのとは違い、村の小規模な生産者が生産活動を続けるには、こういったサービス支援を行うBDSが必要なのである。それがないとなると答えは決まっている。社会にあるはずのBDSに替わり、社会的サービス支援を一括して行う組織を立ち上げることにした。

 もちろん、社会的サービスがJICAや援助団体の資金のみをあてにして

いたのでは、プロジェクト終了後にすべて止まってしまう。そこで、これまでの一般的にたくさん存在する非営利組織NGOとは違い、ビジネス主体であり自己組織の持続性を測りながらも社会的サービスを行うという仕組みにした。これまで筆者が世界中の開発案件を手掛ける中で、援助機関の下請けとなるNGOなどの非営利活動を行う組織の資金源は、援助機関や一般人からの寄付で賄っていることがほとんどで、組織運営が不安定になり、その結果、真に必要な開発よりも先に各国援助機関が拠出するプロジェクト予算を獲得することの優先度が高くなってしまう事例をたくさん見てきた。こうした経験から、持続性を確保するには、組織自ら資金を稼ぐ必要性を痛感していた。

プロジェクトにおけるビジネス事業

　支援組織を立ち上げるのに先立って、キルギス人の性格やキルギスでたくさん登録されている組合が機能していない状況から、ビジネスを支援するグループは、一村一品組合の外に出すほうがいいと考えた。別組織を作るということだ。すべての機能を組合の内部につくると、他のキルギスの組合がそうであるように、メンバーの利己的な意見や利益の配分によって内部対立を生み、結果まとまらないことが分かっていた。新組織設立に当たっては、企業登録タイプか公益法人タイプか、2つの選択肢があるが、企業にするとプロジェクト予算や鉱山会社などからの資金援助が得られなくなる。そこで、将来的には企業を設立する方針であっても、現時点では公益法人設立が妥当という判断をした。公益法人の定款の中に「社会的サービスのためのビジネスを行う」と明記することで、ビジネスができる配慮をした。とはいっても、資本金や投資がない状態での新組織設立であり、活用できるのはプロジェクトの現地業務費だけという状況からのスタートだった。組織名は、一村一品組合のビジネスサービスを担うもう1つの団体という意味合いから、「OVOP（一村一品）+1」にした。

これまでのJICAプロジェクト経験から、プロジェクトにおいてビジネス事業を行うには感覚的に「かなり考え方を変えないといけない」というおぼろげな気持ちがあった。実際に活動がスタートして、OVOP+1がビジネスによって利益を上げようとすると、さまざまな点で選択を迫られる場面が連続して起きた。組合メンバーの生産物を販売して、しかもOVOP+1が経済的に自立することを目標としているので、スタッフの給与や出張旅費などの設定も援助機関のプロジェクトよりかなり低く抑え、キルギスの一般的な低い水準の給与から始めた。ビジネスに直結しないトレーニングや研修は取りやめとした。しかし人材集めについては、開発ならではの考え方をキープする必要があった。

　有能な会社社長なら、普通、新しい事業を始めるときには優秀な人材を集める。スタッフの能力はビジネス結果に直結するからだ。しかし私は、開発途上国における地方の地域開発である特質上、対象地域にいる人・住んでいる人材で行うのが筋と考えた。実際問題、募集したところで、相当な金額を提示しないと都会から田舎に帰って働いてくれる人はほとんどいない。また、地域住民との直接的な関係性により、地域全体を盛り上げるた

社会サービス支援型ビジネスを行うOVOP+1の年会議

めにも地元民のスタッフでなければならないという考えがあった。優秀な人材はことごとく都会や海外へ流出している状況で、イシククリ州に残って仕事を選ぶ人材は少なかったこともあり、まずはプロジェクトスタッフをそのままOVOP+1に移行させ、必要に応じてスタッフ増員を図る形とした。

リーダー・ナルギザの誕生

こうして支援組織を立ちあげプロジェクト活動を本格化させたものの、プロジェクトスタッフという肩書から脱却して、OVOP+1として自立した考え方を持たせることは容易ではなかった。キルギス人と働いてみて、日本人の私が想像する以上に、情報共有や連携・共同作業が難しいことが分ってきた。そこで、日本人的な考えから脱却して、キルギス人に適応できるやり方を探すという方向転換が必要だった。共同作業が苦手な状況において、会社という組織的な枠組みをつくるにはどうしたらいいのかを考えた。OVOP+1を形成するときに「誰がトップを務めるか」についても、これらの点を勘案しながら慎重に人選をする必要があった。また、若く優秀な人材が次々と国外へ出て行く中、カラコルに残っている人材で一村一品の活動が好きだという基本的なスタンスや、厳しい指導に耐えられるメンタリティが何よりも必要だった。

一村一品組合を形成してからリーダー候補者探しに1年半余りを費やしたが、結局、OVOP+1設立時点では適任者はおらず、プロジェクトスタッフのナルギザ・エルキンバエバに白羽の矢を当てた。彼女は、人一倍怖がりで、自信がなく、お金に興味がない人だった。一般的にこんな人は組織のリーダーには向いていないように見える。しかし選ばれた理由は、責任感が強く絶対に仕事を投げ出さなかったことと、機転が利いていざとなったら危機を乗り越えるアイデアを出す能力があったからだ。少なくとも、OVOP+1のリーダーとしての地位を使って、よからぬアイデアを考えつくような人ではなかった。

こんなことがあった。2年目の良品計画の生産中のある日、良品計画が指定している生成（きなり）と呼ばれる、着色していない天然の白い色の羊毛が足りなくなったことがあった。当時はまだ羊毛をトクモク市という町にある繊維工場から買っていた時で、それまで調達していた生成は品質ランキングで言えば2番目の品質。工場に問い合わせてみたが、大きな注文が入ったために販売できないと言う。そこで生成よりも高級なトップスと呼ばれる羊毛を良品計画生産に使おうとしたが、良品計画からは色が白すぎるとコメントが入った。トップスは工場で糸をつむぐ前に漂白してあり、自然な風合いというより、それはまさに脱色された色だったのである。

　このために、生成のウールがどうしても必要になったが、工場は販売を拒否。一村一品が持っている残りのストックはトップスだけだった。悩んでいるときにアイデアを出したのが、当時プロジェクトアシスタントだったナルギザだった。彼女が、我々が持っているトップスと工場が持っている生成を交換してはどうかと提案したのである。高級なトップスと価格の安い生成の交換なら工場は応じるはず、というのだ。一村一品組合とすれば損することになるが、良品計画への商品納入は絶対成功させなければならない。その考えに賛成し、繊維工場と交渉が始まった。結果は成功。工場は一村一品組合が保持している150kgのトップスを同じ量の生成と交換してくれたのだった。工場からの帰りの車内のスタッフの喜びようは今でも忘れられない。こうして無事に2年目の良品計画への納入も終わらせることができたのである。日頃は自信がなさそうなナルギザは、他にもたくさんの問題解決に取り組んだ。プロジェクトの残り期間を考えると、躊躇している場合ではなかった。本人との長い話し合いの末に本人が決断した。リーダー・ナルギザの誕生である。

　これに加えて、フェーズ2から新たに「一村一品 Jr.制度」を設けた。一村一品運動に興味がある学生を中心に、夏のパートタイムや良品計画商品のクリーニングといった作業からイベントでのダンス披露、土日のイベントで

の一村一品商品の販売などを手掛ける若手学生グループを一村一品Jr.として登録。商品開発コンセプトや一村一品プロジェクトの説明会などを行って、将来的な一村一品理解者層を増やそうという取り組みだ。現在、OVOP+1のナンバー2でビシュケク支部のトップを任せられているサイカルさんは、この一村一品 Jr.出身。高校時代に一村一品 Jr.として活動後、大学、大学院を経て、OVOP+1でので働くことを選択した。一村一品 Jr.時代に、JICA緒方研究所の下田恭美の行う一村一品調査の通訳として村に住み込んだこともある。そこで、一村一品に参加する村人の本音や実情を聞き取り通訳した経験が、一村一品と生産者の生活の関連の理解に大きく役立った。一村一品プロジェクトの背景が良く分かっているだけに、業務にかける熱量も高い人物なのである。

いわゆるキルギス人をどう育成する

ナルギザを中心として、OVOP+1の実施体制の構築とビジネスが始まった。ここからが本当の人材育成の始まりで、プロジェクトにおいて一番時間とエネルギーを使っている部分であり、現在も続いている。OVOP+1のスタッフは、カラコル周辺の一般的な人材からすれば素質のある人材が揃っているといえる。とはいえ、会社で働いた経験やチームを率いた経験があるわけではない。そのため、どうやってリーダーとして育成していけばよいのかを考えなければならなかった。日本人がトップを務める会社をつくっているわけではない。キルギス人によるキルギスの会社をつくらなければならない。日本人ではなく、キルギス人リーダーが率先して見本を示す必要があった。

そのために、時間厳守、挨拶、交渉、人前でのスピーチなど、ナルギザへ徹底した指導を行うことにした。リーダーが一村一品に関わる業務を一通りすべて経験することによって、その後のスタッフへの指導が容易になるという算段だった。OVOP+1の銀行口座を開設するところから始まり、経理

指導、バーコード取得、営業方法、ショップ店員業務、5Sにカイゼン[4]とすべてのことを経験させるよう心がけた。こうやって人材育成を進めつつ、仲間になる人材を探していった。数十名のキルギス人が雇用されては辞めていった。安い給料、苦手な他人との協働、エクセルなどの表計算、キルギス人からすればちょっとだけ厳しい社風。とにかく忙しい。まあ、キルギスの人にとっての感覚としては、いわゆるブラック企業に近かったと思う。特に男性スタッフは、ちょっと仕事が大変だとすぐに辞めていった。田舎に残っている男子はほとんどが家を継ぐために残った末っ子である。親に怒られたこともないような環境で育ち、誰かに命令されること自体経験がないから、離職率は非常に高い。人材を育てようにも、数カ月や1年未満で辞めてしまうと、教えるべきことも教えられなかった。

　これを改善するには、とにかく売上を上げるしかない。売上が上がれば給与も上がるという仕組みにして取り組んだ。公益法人から企業へと変わるタイミングはなかなか来なかったが、収支が安定しなければ簡単には企業化はできない。ひたすらビジネスの実践を積みながら、生産者が十分に収益を得て、なおかつOVOP+1のスタッフ雇用とビジネスを安定化させることに専念した。こうして月日が経ち、開始当初3名だったスタッフが2016年12月には20名になり、2023年12月にはOVOP+1のスタッフ数は49名にまで拡大強化した。

4）5Sとは、職場を安全な場所にし、作業の品質や生産性を向上させ、職場の雰囲気を改善するために行う「整理、整頓、清掃、清潔、しつけ」のこと。
カイゼンとは、主に工場など製造業の現場で行われている作業効率や安全性の確保を見直す活動のこと。

VOICE④　スタッフの声

ナルギザ・エルキンバエバ（女性41歳）

OVOP+1　CEO

　私は、2009年に一村一品プロジェクトのフェーズ1の時に、プロジェクトアシスタントとして業務を開始しました。それからすぐに組合やOVOP+1の結成、良品計画の輸出や一村一品店舗の設置など毎日、毎月、毎年のように変化と進化の連続でした。OVOP+1のCEOとして活動する中で、スタッフのマネージメントや生産者との関係性の調整など、時にその重圧で押しつぶされそうな気持ちにもなります。しかし、一村一品運動の拡大がキルギスの国全体へ及ぼす影響は計り知れないインパクトがあり、またソーシャルサービスとビジネスとのバランスが絶妙に測られたこの新しいビジネス形態に私自身可能性を感じています。最近は、周辺国からのスタディツアーが頻繁に行われ、キルギスでの成果を見たさまざまな国の人々は驚きと、自分の国でもぜひやりたいとの熱い気持ちが伝わってきます。キルギスモデルをさらに進化させて、キルギス人の手で持続発展を成し遂げなくてはなりません。私のライフワークとしてこれからも頑張ります。

VOICE⑤　スタッフの声

ナズグル・ウムラリエバ（女性39歳）
OVOP+1　フェルト部門責任者

　私は、2014年よりOVOP+1のスタッフとして働いています。現在、フェルト部門の責任者を務めています。これまで、食品部門や総務関連や会計なども経験してきています。一村一品で働くことで日本での研修も受けることができました。私はシングルマザーで小さい子どもを抱えての業務を続けてきましたが、非常に楽しく働いています。OVOP+1の業務はJICAプロジェクトとの共同であるために、日々進化を見ることができます。私は一村一品を通じて5Sやカイゼン、またホウレンソウ（報告・連絡・相談）などさまざまな日本式の業務カイゼン方法を学びました。こういった学びは、私の息子が大きくなるにつれて、息子にも教えていて、彼の学校での活動にも役に立っているようです。OVOP+1はキルギスの一般的な働き方と異なっていて、国際的なルールやハラスメントなど世界基準の会社の在り方を目指しています。こういったチャレンジは、時に私たちには難しいと感じる部分もありますが、常に向上する意欲に満ちた会社であり、今後もこの一村一品を続けて行きたいと思っています。

VOICE⑥　スタッフの声

サイカル・スユンベコバ（女性29歳）
OVOP+1　副CEO

　学生の時に一村一品プロジェクトが行っていた一村一品Jr.制度（ボランティア制度）に参加して、良品計画の商品のパッケージ作業やショップ店員など経験をしてきました。この時の経験から大学生になったときにJICA研究所による一村一品生産者調査に通訳として同行するなどしました。この経験は大きかったと思っています。村の生産者宅を訪問して、時には自宅に泊まり込んで聞き取りをしました。村の生産者のおかれている境遇や環境、そこに一村一品運動が与えた影響などを調べていきました。キルギスの大学を出た後に、筑波大学で学ぶチャンスに恵まれました。コロナになり筑波大学での学びはほとんどがオンラインだったことから、その間もOVOP+1スタッフとして働いていました。半年間だけ日本に留学することができたのですが、私が驚いたのは、我々がキルギスで行っている一村一品運動について、大学の教授や多くの日本人が知っていたことです。そしてその意味とその評価が高かったことです。その後、大学院を無事に卒業し自分の進路を考えた時に、一村一品運動が最もキルギス社会にインパクトを与えていると考えて、正式に就職することにしました。

　一村一品運動によって人生が左右された1人であるといってよいでしょう。これからもこの仕事を続けて行きます。

第4章

全国拡大への布石

4 − 1　クムトール鉱山から資金協力を引き出す

　OVOP+1の立ち上げと同時に進めたのが、プロジェクトオフィスの移転である。州政府の中の一室だけでは到底生産活動はできなかった。それまで一村一品組合の月例会議もフェルトの試作も、すべては州政府の部屋で行ってきたのだが、OVOP+1の事務所兼プロジェクトオフィスとして移転を決め、機能拡大を図った。カラコルの市内をくまなく調査したが、そもそもカラコルにはオフィスビルが存在せず、あるのはソ連時代から続く学校や政府関連の建物、いわゆる公共施設がほとんど。残るは街中の商店街のコンテナか廃墟の建物ぐらいだった。カラコル市内をくまなく探し回ってあきらめかけた頃、イシククリ州で金鉱山に入っていた「クムトール鉱山」が最近まで事務所として使っていた職業訓練学校の建屋が空いていることが分かった。クムトール鉱山もオフィスビルがなく、長らく生徒数の少なくなった職業訓練校の校舎をオフィスとして使っていたようだ。その空いた校舎を借りてOVOP+1の新オフィスとした。

　話は少しそれるが、そのクムトール鉱山とも連携を深めていくことになる。2010年、企画調査員時代の私が一村一品プロジェクトフェーズ1の延長1年の活動を始めた直後、クムトール鉱山の親会社であるセントレア鉱山のカナダ本社から、副社長がキルギスを訪問しているニュースを聞きつけたことが発端だ。すぐに、何とかこの副社長と会えないものかとクムトール鉱山へ連絡をした。これには深い訳がある。2010年4月の内乱の際、クムトール鉱山に関わるさまざまな事件が起こっていた。鉱山の利権を利用する与党とそれを良しとしない野党との対立によって、さまざまな噂や地域住民の扇動によるデモンストレーション、また鉱山に雇われた人とそうでない人の対立など、それは醜いものだった。また、社会的責任活動（CSR）として、鉱山会社などが資金を用意して地域貢献に使おうとする場合、資金の活用を行う団体選定、資金使途の透明性の確保、支援対象者の選定基準などを明確に地域住民へ示す必要がある。しかし、鉱山会社はそもそも地域

開発のプロではないこともあり、こういった観点について上手く地域住民との調整ができないことが多々あった。実際にイシククリ州の南部では、機材をもらったもらわない、就職できた、できないなどさまざまな噂話でもちきりだった。当時のイシククリ州の平均的な給与は200ドル、鉱山で働くと1,000ドル以上。杏のペーストを作る数千万円はする機材をもらったが使われていない、などそんな現状を目にしていた地域住民は、支援対象に選ばれた人とそうでない人の間で不満がくすぶっていたのだ。

　この種の軋轢（あつれき）は、なにもキルギスだけの問題ではない。発展途上の国々は経済自体が低迷していることが多く、そんな国の鉱物資源は、世界のビジネスから見れば安く資源を調達できる場所と見られている。しかし、その鉱物資源の恩恵が地域住民に行くことは少ないのが常だ。鉱山会社は鉱物を掘るのが仕事で、地域開発のプロではない。途上国開発に携わる人間として、このことがなぜ開発のプロ集団との結びつきにつながらないのか——日頃から不思議でならなかった。鉱山が支出する資金をうまく活用して、有益な使い方によって、地域開発の見本をつくろうと考えたのである。地域住民や政府の間に問題を起こす鉱山会社、ならば「鉱山会社も地域住民も納得する開発を鉱山会社の資金でやろうではないか」という発想だ。JICAも予算不足の時代であり、お金は鉱山、開発はJICAに任せてという構図をつくりたかった。セントレアの副社長も地域住民とのいざこざや成果の出ないCSR活動を何とかしたいと考えていたようで、すぐに会って話がしたいということになった。彼の会議の合間にJICA事務所の会議室に来てもらい、立ち上げたばかりの一村一品組合の話や、どうやって地域住民を巻き込んでいくのか、またそれによって何を達成しようとしているかなど、2時間近く話し合った。

　それから2年が経ち、クムトール鉱山会社のCSR活動として年間約5万ドルをOVOP+1へ拠出してもらうことになった。この資金は、OVOP+1の食品加工工場の機材調達、初期の羊毛調達、イシククリ湖南岸に9つの

フェルト生産工場の建設などに使われた。村落にあるフェルト生産工場は、その村々に雇用を生み出し、イシククリ住民も納得の支援内容となったのだった。セントレア鉱山会社からもさまざまな人々がフェルト生産現場を訪問するなど、2016年までの4年間に渡って地域開発に大きく貢献した。各村落におけるフェルト工場の建設は、村にとっての歴史的な一大事。村長のスピーチでは、ソ連崩壊後初めて村に工場ができた、雇用が生まれた、と大絶賛された。

4 − 2　羊毛バリューチェーンの構築

　良品計画や国内向け生産に向けて、抜本的にフェルト生産ができる体制を構築する必要があったが、生産体制を改善しようにも何から手を付けていいのかよく分からない状況があった。そこで、まずは羊毛産業のバリューチェーン確立を目指すことにした。キルギスにはもともと、メリノ羊を肥育し純粋なメリノ羊であることを証明して子羊を販売する国営メリノ羊農場が3カ所あった。その農場からメリノ羊を買った農家は、キルギスの山岳地帯で育て上げ、刈り取られた羊毛は旧ソ連諸国へ輸出されるシステムが形成されていた。しかし、ソ連崩壊後、これらのシステムも機能しなくなった。その3つの農場の1つがイシククリ州にあり、自ら羊毛を販売することで辛うじて消滅の危機を回避している状況にあった。その農場と連携して、羊毛を一括調達し、首都ビシュケクのこれまたソ連時代から続く羊毛洗浄工場に運び、洗浄し再びカラコルへ運ぶ手配をした。羊毛を洗うと重さが半分になること、1kgあたりの洗浄された羊毛の価格など、すべての情報が初めて知るものだった。その羊毛をほぐすためにカーディングと呼ばれる機械を導入し、一般人も羊毛を持ち込める「カーディングサービス場」の設置などを進めていった。

　フカフカになった羊毛は、一旦OVOP+1の倉庫へ貯蔵して、草木染で染色して、今度は小さいカーディング機械でまたほぐす。この小さいカーディ

ング機械は、ソ連時代の古い機械のパーツを探し出して組み立てたもの。こうやって準備の整った羊毛を生産者のところへ届けるのである。JICA専門家とOVOP+1スタッフが、羊毛で作る商品のデザインを考え、設計図や型を作って、生産希望者へ指導。生産者の技量に応じて、商品の生産を発注。OVOP+1が1カ月後に回収する。このように、フェルト商品を作るための羊毛調達と処理、その羊毛を使って商品を生産できる生産者の育成と、それを支えるOVOP+1の設置、そして良品計画と国内販売所設置により商品販売先を確保した。こうやって、イシククリ州における羊毛産業の域内バリューチェーンを構築することできた。こうして書いてみると簡単だが、バリューチェーン構築にはさまざまな困難を伴った。羊毛を販売したい羊飼いたちは、少しでも重さを増やそうと石や異物が入った羊毛を売ろうとすることは当たり前、JICAという国際協力機関の名前を聞いただけで価格が倍になったり、羊毛洗浄工場では、他の人が持ち込んだ質の悪い羊毛と混ざってしまったり、とプロセスの各段階で問題が持ち上がった。そんな目の前に次々と現れる問題を1つひとつクリアする中、スタッフ育成も時間がかかった。羊毛の洗浄やクリーニングで変化する重量と価格を理解させ、草木染によって加えられる付加価値、手作りされる商品価値をどう計算するのかを指導し、プロセスが進むにつれて変化する商品バリューの理解を進めて行った。

　次はトレーサビリティで、必要な安全、安心を確保しなければならない。村落に生産工場を建設しながらも、日本に出荷するにはさまざまな事前の検査やパッケージ化などの作業を1カ所で集中的に行う必要があった。良品計画の基準に応えるため、学校の教室3つ分を使って作業の分業ができるようにした。在キルギス日本大使館へ草の根無償支援を申し込み、日本製の検針機を提供してもらった。フェルト商品生産に使うフェルト針や異物などの混入を防ぐ対策だ。村からの商品一時受け取り場と商品の検査場を設置し、一次検査で合格しなかった商品は、すぐにリメイク室へ。そしてクリー

第4章 全国拡大への布石

メリノウールの刈り取りシーン

ニングを行った後に、検針機を通って最終保管場へという流れができた。本来であれば2台の検針機を置いて、一次検針機とパッケージ後の二次検針機を分ける必要があったが、そこまでの部屋数はなく、検針機も1台しかなかった。パッケージされない商品を検針機に通して、一旦商品の一時保管室に保管、その後にパッケージを行う部屋に商品を戻して、パッケージ作業を行った後に再び検針機を通して保管室に戻す。つまり、1つの検針機を使って、2回の安全確認工程を繰り返す方式で、良品計画からのゴーサインを引き出すことができた。重要なことは、危険物がある部屋とない部屋を明確に分けることと、人間の作業によって異物混入が起こらないようにすることだった。こうして、村落のフェルト工場で一次加工を行い、カラコルのOVOP+1の工場へ運び込み、最終調整と検査、パッケージを行い出荷するというバリューチェーンを整えたのである。

小規模生産と大量生産の両立

ビジネス拡大には、生産量を確保する必要がある。一村一品組合の活動が軌道に乗ってくるにつれてビシュケクや海外への販売希望も増えてき

た。とはいえ、ハンドメイド商品の品質を確保しながら大量に同じ商品を生産することは簡単ではない。どうしたらよいのか。一村一品運動開始時点から、私は、小規模生産と大量生産の両立をどのように図るかを考えてきた。

　まずは、一定レベルの技能を持った人たちの数を増やすことに専念した。工場での集中管理型ではなく、機械も使わないハンドメイド生産においては、同じレベルの技能保持者数の確保が何より重要となる。ある程度フェルト生産ができるようになってくると、さらに企画商品を正確に作れるように、トレーニングに時間を割いた。3～8名程度の小さなグループで、いくつかの生産グループが同一商品を生産する練習をした。設計図を作り、フェルトの重さを測ることですべてがおおむね同じサイズに揃え、商品の最終サイズが測れるような型を作って、村の女性でも簡単にサイズが測れるようにした。こうやって、村々の女性たちが一定の品質の同じ商品を作れる環境と技術を準備していったのである。

　次は、ルールづくりである。㈱良品計画のMUJIブランドは、その品質やデザインセンスの高さは世界が知るところ。その品質を保持するには、原材料、生産工程、保管方法など細かく決まりがあり、またそこで働く人たちがその決まりを順守するための教育やマニュアルが必要となる。前述したように、OVOP+1が羊毛の配布、技術指導、商品の品質確認と回収、そして支払いまでができるバリューチェーンは構築した。2016年には3万個/年を超えるフェルト商品を生産できる体制を築いた。村人は広い地域に点在して暮らしているが、この点在している村々において小さいグループで同じ商品を作ることで量産する仕組みをつくり、これを「広域点在型量産システム」と名付けた。

　こうやって、技術を向上させた生産者を地域全体に増やしてきた。イシクリ湖周辺に点在する小さなグループによる生産方法は、品質管理を最も難しくする要因にもなる。しかし、一村一品運動による生産と経済的な効果を地域全体へ広げるには、この広域点在型量産方式によるマスプロダクショ

第4章　全国拡大への布石

和気あいあいでフェルト生産を行うグループ

ンの達成が不可欠と確信していた。生産者があちこちに点在する生産スタイルでは、すべての商品をある程度一定した品質にするには、原材料、副資材、企画、生産者技術などのポイントそれぞれのプロセスにおいて管理し、最終商品の品質向上につなげる必要がある。これを可能にしているのがOVOP＋1チームによるモニタリングである。モニタリングは、OVOP＋1スタッフが点在している村々をめぐり、支援活動を行うことで、商品品質を一定化しようという取り組みなのだ。

　課題は、OVOP＋1の管理費用にある。イシククリ湖の東部に位置するカラコル市から一番遠い生産者拠点は、イシククリ湖の西側約250kmのところにある。モニタリングや技術指導で移動する車の燃料代もかなりの支払いになるために、効率良く量産しなければ製品コストが上がってしまう。村落住民に負担をかけない生産方法は、管理する側のOVOP＋1のファイナンシャルマネージメントとの闘いでもあったのだ。

ショルブラク村生産グループを形成

　一村一品組合によるビジネス拡大は、小規模グループの技術レベル向上

をもたらし、またそのモニタリングによって、個別生産を集約化し量産化を行う「広域点在型量産システム」に結実した。と同時に、村々で生産された商品をカラコル工場に集約して、検品などを行う集中システムも整備することができた。次に直面したのは、よりシビアな品質管理、正確にいうなら良品計画の基準に従った「危険物管理」である。

村の女性たちが数人単位で1カ所に集合して生産活動を行うだけなら、危険物の管理方法は対処が見つかるが、生産が忙しいときや作業環境によっては、冬場、家に持ち帰っての作業になる。これが大きな課題だった。なぜなら、例えば1つのフェルト商品を作るにもフェルトニードル（針）、糸切りハサミ、かみそり、ブラシなど多くのツールを使う必要があるからだ。家での作業になればこれらのツールの数の管理や工具の折れ、錆びなどの発生が防げなくなり、結果的に金属や危険物が混入する危険性が増す。良品計画との連携が始まってから3年が過ぎても、この課題の解決方法を見出すのは簡単ではなかった。そんな中、良品計画指定工場の認定に挑戦しないかとの提案が良品計画から打診された。これを受けて、工場認定への作業が始まったが、これは工場認定を行おうとするカラコルオフィスだけの問題ではなかった。村落における課題解決がなければ、いくらカラコル工場を完璧にしても、村からの危険物混入商品は減らない。結果として、廃棄処分品が増えるばかりでなく、危険物混入品が世界のマーケットへ出される恐れさえ生じるのだ。

そこで、広域点在型量産システムは続けながらも、さらに一歩進んだ生産体制にすることにした。これが「集約型フレキシブル生産体制」である。それは、生産者の多い村落を選んで、クムトール鉱山などの外部資金を活用して、村に生産拠点となる工場をつくり、そこに生産者に集まってもらおうというもの。OVOP+1も個人宅をモニタリングに回るよりも効率が良くなる。最初に取り掛かったのは、イシククリ湖岸の南西に位置し、フェルト商品の生産拠点の1つであるショルブラク村だった。使われなくなった学校校舎を村

役場から借り受け、改修作業により生産室、仕上げ室、オフィス、休息室の4部屋を用意した。ショルブラク村は、2004年頃、10人程度のフェルト生産グループから始まったが、工場改修を始めた2013年になると、12グループ67名が村落のあちこちで生産活動を行うまでになっていた。

　このグループを1つのグループとして村役場に再登録したことで、「ショルブラク村生産グループ」が形成された。ショルブラクの新しい工場は、それまでなかった水道を引いて、暖房も完備、洗濯機も備え付けて作業服を洗えるようにした。ショルブラク生産者に対しては、整備された工場管理や規則を1つひとつ指導していった。靴の整理整頓から手洗い、マスクの付け方、掃除機の使い方、危険物管理方法などトレーニングの連続となったが、村人も少しずつ変化に慣れていった。「都会の工場で働いているみたい」「毎日働きに来るのが楽しい」など、生産環境が生産者の気持ちも大きく変えている発言が村人から相次いだ。この工場スタイルの生産は、通常の外資企業が工場誘致しているのとはその意味がまったく異なる。なぜなら、例えば朝9時から夕方5時までといった労働時間の拘束がなく、また、一時間に仕上げなくてはいけない作業量などの設定もない。村の女性それぞれに合わせた参加方法が選べるからである。

　家庭の事情により2時間だけ働く人もいれば、8時間働く人もいる。支払いは生産した商品数でカウントされた。67名は1つのグループになったとはいえ、実際には元のグループ形態もいくつか残っていて、個人的に技術レベルが高い人は1人ですべての工程を行いどんどん生産していった。一方、技術の未熟な人は小規模グループシステムに残り、生産工程の一部分だけを行い、収益はグループで分け合う方法を採用した。どちらのグループも朝8時から夕方の5時の間、自由に工場を利用して生産ができる。この方法の導入によって、生産者教育、商品の品質コントロール、原材料一括納入、モニタリング効率化などさまざまな効果が表れ始めたのである。

　このようにして、イシククリ湖の南岸沿いにフェルト工場を建設していき、

フェルト生産の実施体制確立

2017年には無事にカラコル工場も㈱良品計画の指定工場の登録を受けることができた。2021年までには9カ所のフェルト工場が設立された。ここに、イシククリ州全体に育ててきたフェルトの生産技術を持つ生産技術者たちを9カ所の工場に集めて集中して生産する、集約型フレキシブル生産システムを完成したのであった。

4－3　加工食品開発の実施体制構築

品質管理者が見つからない

　食品加工を始めるにあたっては、まずは基本的な衛生改善を教えられる場所を設置しようと考えた。職業訓練校の生徒が使っている調理室を改装し、煮込み用のボイラーなどを設置してみた。同じ建物の3階には食品加工試験室を設置し、新商品を開発する場所とした。改装された調理室は、学校の授業がない日に一村一品組合メンバーによって生産が行われるシフトにする。しかし、食品加工はプロジェクト始まって以来の大きな課題で簡単には進まなかった。食品作業環境はいうまでもなく食品加工の要である。キルギスの田舎の生活では皆さんが想像するようなキッチンと呼べる場所は

なく、道具も揃っていない。水道が引かれていない家庭も多く、たらいに貯めた水で食器を洗う。私はスタッフとよく調理をするが、我々日本人と大きく違うのは、キルギスの場合、土のついたジャガイモやニンジンを洗わずに皮を剥く。カットした後に貯めた水で洗うのだが、土が付いたままの状態で皮を剥くのでボウルの中の水は真っ黒になる。日本人なら当然、土のついた野菜をまず先に洗うところだ。ちょっとしたことだが、こんなところで衛生観念の違いが見て取れる。家畜と共に暮らす生活を基本としている国では、村落に住む人たちの衛生観念は簡単には変えられないのである。

　ちょうどそのころから、ビシュケクでは食品加工を進めようとする企業が多く現れてきた。スーパーマーケットが乱立するようになり、それまでキルギスにはなかったようなきれいなスーパーで買い物をする人たちが増えてきた。多くは輸入商品だが、缶詰や冷凍食品の中にはキルギス産も少しずつ混じるようになった。そうした時代の流れの中で、キルギスの食品会社を視察に行くと、我々と同じように食品加工に従事させる人材、とりわけ品質管理者が見つからない苦労を聞かされることが多かった。経済的に成長していくとレストランも増えていく。首都ビシュケクや地方でも評判の良いレストランなどに目を向けると、大抵はコックがウズベキスタン系キルギス人であったりする。腕の良いコックが他店に引き抜かれると途端にレストラン経営は難しくなり、廃業するような光景を目にするようになった。

食品加工・早川専門家の功績

　こんな状況の中、ビシュケクの食品加工を指導する大学や職業訓練校への援助機関の支援などが進みつつあった。一村一品プロジェクトもそういった食品加工を指導する学校からの人材を雇用していたが、なかなか人材が定着してくれなかった。食品加工という職業にキルギスでは馴染みがなく、また食べたこともないものをレシピにそって正確に調理することが、簡単ではなかった。そこで、食品加工の短期専門家（早川義一専門家）を日

本から派遣してもらい、商品開発室と加工室の2つを使って、手洗い方法、作業服の着用作法など、基本的な部分を徹底して指導することにした。新商品の開発やジャムなどの小規模生産を通じて、少しずつ衛生観念の改善を行っていった。同じタイミングで進めていたフェルトの管理でも、マニキュア、アクセサリー、シャープペンにホッチキスなど禁止ルールなどを定めているときだった。フェルトの品質、危険物管理などのマニュアル作成なども食品加工と似通った部分があり、大いに役立ったものである。

　マニュアルの策定を行い、スタッフや地域住民へ指導する日々がしばらく続いたが、何よりも大切なのは実践である。加工作業の数を増やすこと、簡単な煮込み作業から殺菌、冷却までの工程をOJT[5]として学んでいくのだ。ある程度加工作業に慣れてきた段階で、より専門的な知識を学んでいく。こうしてステップを踏んで教えていったが、派遣された食品加工専門家から一番学んだのは我々日本人だった。食品加工専門家の派遣期間は3カ月間であったため、長期的に指導に携われるように、我々食品加工が専門でないJICA専門家が中心となって食品加工のノウハウを学んでいった。その結果、OVOP+1のスタッフや村落における食品生産者に対してスムーズに指導ができるようになったのである。

　2016〜22年にかけて複数回派遣された食品加工専門家による指導は、キルギスの一村一品運動にとって非常に有益だった。食品の安全性を確保するために、視覚、味覚、臭覚、触覚はもちろん、聴覚を使ってジャム瓶を打鍵し、変な音がするジャム瓶を排除するなど、五感をフルに使い商品品質の確認を行っていった。マーケットで見つけた鉄製メッシュのゴミ箱を使って、ジャム瓶を煮沸するときに、煮えたぎるボイラーの窯からまとまったジャム瓶の出し入れが簡単にできるようにするなど、近くのマーケットで

---

5) OJT（現任訓練）とは、職場で実務をさせることで行う従業員の職業教育のこと。上司や先輩が、部下や後輩に対し具体的な仕事を与えて、その仕事を通して、仕事に必要な知識・技術・技能・態度などを意図的・計画的・継続的に指導し、修得させることによって全体的な業務処理能力や力量を育成する活動である。

食品加工を指導する短期専門家

手に入る資機材を利用した彼のやり方は、キルギス人にも受け入れやすいものだった。これに合わせて温度計、ストップウオッチ、PHメーター、糖度計、水分計などの簡易な機器を組み合わせていく。五感を使ったローテクと、キルギスにとってはハイテクとも呼べる機材を組み合わせて食品安全の確保を進めていった。同専門家の作成した安全食品指導の資料を、海外協力隊の協力を得てより分かりやすいマニュアルにまとめることができた。これは、一村一品関係者はもちろん、援助関係者や食品加工関連会社からも評価が高く、2024年現在もキルギス全国の一村一品生産者が使っている。食品加工に関してはまだまだ長い経験知が必要なキルギス人だが、一村一品商品の開発と生産を行う日々の訓練の中で彼らは少しずつ成長を重ねている。

4 - 4　勝ち残るための商品開発
メイドインキルギスを誇れる商品開発

　一村一品運動を開発途上国で拡大するにあたって、最も重要なのは「売れる商品があるかどうか」だと思う。いくら一村一品運動のセオリーを教え、

また日本の事例を見せたところで、同じような結果はついてこない。具体的に商品を開発し、生産と販売がつながる新たな市場をつくる必要がある。その国にすでに存在する商売のスタイルを真似(まね)することは営業妨害となる。例えば、キルギスの市民が日常の買い物に行くバザールと呼ばれる市場形式と同じことをやる意味はない。バザールは、農業とその国や地域の食生活とも密接につながっており、それ自体をてこ入れするような考えは必要ないからだ。もちろん、プロジェクトのターゲットがバザールのカイゼンであれば別だが。また、既存の土産物店にある商品を村で作らせるのは、同業者への配慮がなく問題になるだろう。

キルギス人と仕事をしていてよく目にするのは、一村一品商品に付された「Made in Kyrgyzstan」の表記に、意外にも大きな喜びを表すことだ。まあ、考えてみれば、キルギスで採れた野菜や果物は、近隣諸国へ運ばれた後、キルギスの国名は消えてしまう存在なのである。乾燥杏で知られるバトケン州のほとんどの杏は、タジキスタンやウズベキスタンへ運ばれて加工・パッケージされて旧ソ連諸国へ出荷されるが、最終商品のどこにもキルギスの名前は出てこない。出稼ぎに行っても、旅行しても、キルギス産と明記されたものを見ることはほとんどないのだ。その反対事例として、中国産を嫌うヨーロッパには中国産ミカンに「キルギス産」のシールを張って輸出する。キルギスではミカンは生産していないにもかかわらずだ。良品計画の店舗では、「メイドインキルギス」と書いたパッケージと共に本当のキルギス産フェルト商品が売られている。また、一村一品ショップで買って、出稼ぎや旅行先で配る商品には「キルギス産」と明記されている。しかも、もらった人も大喜びだ。これは、すごく喜ばしいことである。しかし、意外と誰もやってないことなのだ。こういった考えから"メイドインキルギスを誇れる商品開発"というのが私の心の根底にある。

国際的な認証制度は取らない

　キルギス市場には出回ってないが、キルギス産の原材料を使って、付加価値の高い商品を生産する。この考え方をベースに商品開発をしたのが、例えばピスタチオオイルである。キルギスのワイルド種のピスタチオの味は良いが、サイズが小さすぎて色も悪い。地方生産者が小さい機材で小規模で焙煎しても、価格が安くならない。このために、輸入物のピスタチオの流通と価格で負けてしまうし、顧客は大きくて見た目のいい海外産を選ぶ。しかし、キルギス産のピスタチオを生のまま熱をかけずに絞るコールドプレスという方法でオイルを取り出せば、高品質でオレイン酸をたっぷり含む素晴らしい商品が格安で出来上がる。しかし、実際問題キルギスのOVOPセンターで誰かこの高級オイルを買ってくれるのか？いくら日本や世界のマーケットと比べて販売価格が半額以下とはいえ、ピスタチオオイルが健康に良く味も良いことを知って買い求める消費者は開発途上国には少ない、と思われるかもしれないがそうではないのだ。

　消費者の一部として、その国の首都に住む外国籍の人たちの存在は意外と大きい。ピスタチオオイルは、もちろんお土産にもできなくはないが、どちらかと言えば日々の生活で使うもの。各国の援助機関や銀行などで働く外国人は、ピスタチオオイルの価値を知っている。それから、近年急激に経済発展を遂げている首都の富裕層である。富裕層の関心事は、健康と美容である。10年ほど前のキルギスでは、キルギス産は信用できない、海外の輸入物が良い、と考えるキルギス人がほとんどだった。しかし、近年その状況は変わりつつある。輸入ビジネスを行う人たちが、原価は安いが見てくれが良い商品の輸入で儲かっている。しかし、品質が低い。そんなちまたの商品に不信感を抱く人が増え続けているのである。インターネットの発達によって、何が悪くて何が良いか、少しずつ皆気付いてきたようだ。これは富裕層に限らず、中間層の一般的なキルギス人にも広がりつつある。質の良さや信頼性を求める消費者に受け入れられることが重要なのである。

次に考えたのが、オーガニック認証やフェアトレード認証をどう考えるかだった。調べてみると、オーガニック認定を受けるとその認定マークをつけるために、毎年4,000ユーロを支払う必要があった。ビジネスの観点から、ある1つの商品を毎年100トン単位で出荷し、その売り上げによる利益がかなり高ければ別だが、我々の行う一村一品は、地域的にさまざまな人たちがさまざまなバラエティの商品を生産するわけで、1つの商品の量産とビジネス的な優位性だけを考えた活動ではない。また、フェアトレードについても、本当にフェアかどうかを判断する材料が乏しいことに加え、そもそも世界は格差があり、認証を取るとか取らないとかいうよりも、「生産現場に不当な安さで仕事を任せていないか」「買取価格が異常に低くないか」といったことに気を付けることが本来のフェアであり、認証のロゴを取るために毎年費用を払うこと自体おかしいと考えた。このために、国際的な認証制度は取らないことにした。

　こういった考えや背景からも、キルギス一村一品プロジェクトの場合、付加価値の高い商品を、地域住民とともに少量生産するスタイルが基本となる。もともとの一村一品商品がそうであるように、工場でのマスプロダクションと比べるとどうしても値段が高くなる傾向にあるため、それを逆手にとって高級地域ブランド商品とすることでバランスを取ろうとしているのである。

誰もやらないことをやる

　付加価値の高い商品を作ろうとするうえで重要なことが2つある。1つは、「大量生産の真逆を行く」――つまりは、手間暇のかかる誰も真似したくない商品を作ることだ。もう1つは、その結果として、「コピーしにくい商品を作る」ことである。

　まず、手間暇のかかる誰も真似したくない商品。簡単に生産できる商品に限って、誰もが生産していて、すぐに同じものがマーケットに出回る。例えば、フェルトシートを買ってきて、ソフトフェアで管理されたレーザーカッターで

フェルトを切り取り、それを機械で縫い合わせれば簡単にフェルト商品ができてしまう。レーザーカッターなどの機材導入が日々進んでいるキルギスでも、また人件費の安い中国でも簡単に真似ができる。これでは全く勝ち目がない。誰かがすぐに真似してしまい、同じような商品がマーケットに溢れてしまう。一村一品プロジェクトの裨益者に、技術・お金・ものづくり文化・投資家などの環境は揃っていない。「簡単だから」とか、「お金を借りて機械を投資すれば成功」するようなビジネスは危険であり、だからこそあえて難しい方法を取るのである。「わざわざそんな面倒なことをしなくても」、というほどの手の込んだことをするのだ。

　例えば、タンポポジャム。タンポポは春になればどこでも手に入る原材料で、しかもタダだ。しかし、タンポポを摘みに行ってクリーニングする作業は重労働になる。250g瓶1,000本のタンポポジャムを作ろうとすれば、生で50kgぐらいの生タンポポが必要。それを花弁だけを丁寧に取り、ごみや虫を取り、洗って、原材料を揃えるだけで大仕事なのだ。これをジャムにするのだが、砂糖ではなく、くせのないエスパルセット蜂蜜を加えることでさらに付加価値を高める工夫を加える。タンポポに加えて、他の花のジャム、カレンデュラ、カモミール等のハーブを用いたジャムを作れば、花シリーズジャムの出来上がりである。こういった花弁を使ったジャムは、個人の趣味程度で作る人は多い。しかし、それを一定量生産して販売を行おうとする人はいない。なぜなら、それは通常ビジネスとして成り立たないからである。しかし、一村一品の場合、小規模な村の生産規模で何万個は作れないし、作っても売れない。1,000本、2,000本ならOVOPセンターとカフェなどでも十分売れるうえに、季節を変えて数種類を作れば十分なビジネスとして成り立つ。

すべての工程で地域生産者の顔がある

　面倒な作業を行うことでコピーされにくい商品づくりの次は、技術的にコピーをつくりにくい方法である。例えば、フェルト商品を見ると、まず、素材

を草木染にする。化学染料を使わない。草木染は温度管理や染の原材料の確保などとにかく手間がかかるうえに、それを専門にするには知識・経験、草染めを行う設備などの環境が必要である。キルギスにはそういった草木染を専門とする業者やアーティストは存在しない。しかし、キルギス国内で採取可能な草木を使うことで付加価値を高めることは可能である。黄色は杏、青はウォード（大青）、茶色はクルミ、グリーンはエスパルセットというように、一村一品商品の草木染のカラーバリエーションは7色もある。この草木染によって色付けされた羊毛を使いつつ、さらに真似できない商品を目指すのだ。1つは縫い目がない商品。石鹸水を使ってフェルトを縮絨してフェルト化していく方法で、ウールの特性を活用して縫わずに袋状のものやスリッパなどを形成する。もう1つは、ウールをニードル（針）によって形作っていく方法で一般的には「ニードルフェルティング」と呼ばれる。これによって3Dの立体的な商品を形作っていく。キルギスの一村一品商品で人気の動物シリーズは、そのコピーを作って勝手に販売する人がたくさんいる。しかし、どれも笑ってしまうぐらいの低いクオリティで、違う商品かと思うぐらいにそのオリジナル商品の精度の高さを真似できない。なぜなら、一村一品商品の生産は、設計図、計量、技術訓練、第三者による品質確認などの工程を経ているからである。こういった生産者の技術に加え、独自の品質管理方法なども相まって、誰もコピーできない状況をつくり出している。

　「そんな難しいことをしてほんとにビジネスが成り立つの？」という声が聞こえてきそうだが、そこには「手間暇のかかる面倒な商品」イコール「付加価値」という方程式が成り立っている。手作業で作ることは、「ハンドメイド」という付加価値が付けられるだけでなく、少量生産で村や生産者の顔が見える商品になる。ウールを刈り取るところも、草木染するのも同じハンドメイドであり、すべての工程で地域生産者の顔がある。これが一村一品の付加価値なのだ。1つだけ注意すべきは、「手間暇だけがかかり、付加価値のつかない商品は作らない」ことだ。わざわざ手間暇かけた挙句、町に

は似たような商品がたくさん出回っていては付加価値が付かない。何か特別な突出したポイントがなければならない。

捨てる物を高級品に

もう1つのビジネスストラテジーは、廃棄物を再利用することである。ここでいう廃棄物とは、「価値があるのに廃棄されている」という意味のものである。例えば、キルギスのインゲン豆は金額ベースの輸出品目第1位だが、規定以下のサイズや基準に合わない色のインゲン豆は輸出前に、最新のコンピューターシステムによって自動ではじかれてしまう。はじかれたインゲン豆は、小さいサイズや色が悪いなどの特徴がある。問題はキルギス人がインゲン豆を食べないこと。ましてやはじかれた豆は誰も食べないし、煮て柔らかくして家畜にあげるにも燃料と手間がかかるため捨てられてしまう。一村一品ではこの捨てられたインゲン豆に注目し、それを使ってさまざまなものを作りだしている。

まず、このインゲン豆をパウダーにする。プロテインたっぷりで栄養バランスもよい。豆嫌いのキルギス人でも、カーシャと呼ばれるロシア圏の定番朝ごはん（米やオートミールなどを牛乳で煮たもの）にしてインゲン豆パウダーを混ぜれば気にならない。このパウダーから白餡、クッキー、インスタントスープなどさまざまな商品が作られていく。もう1つの事例を紹介すると「JICA種子プロジェクト[6]」との連携だ。このプロジェクトの成果により、キルギス産のカボチャの種が日本へ輸出されているのだが、種を採ることが目的なので、種が採れる時には果肉はすでに熟れており、しかも種子を取り出すためにカボチャはカットされて真っ二つ。そのカボチャの種を採取すると、カボチャの果肉はすでに柔らかいこともあり捨てるしかなく、その量は何十トンにも及ぶ。そこで一村一品ではこのカボチャの果肉を使ったスープを製造・販

---

6) キルギスで生産した種子を日本に輸出することを目指したプロジェクトで、正式名称は「輸出のための野菜種子生産振興プロジェクト」、実施期間は、2013年6月から2020年2月まで。

売している。125℃で殺菌したレトルトパックにすることで2年間の保存がきく。また、果肉を乾燥、粉末化してインスタントカボチャスープやクッキーなどの生産にも使っている。種子生産組合のリーダーでありカボチャ加工の生産者は、カボチャパウダーをパンに混ぜ込んでタラス州で販売したところ美味しいとの顧客コメントが多数あり、量産に向けた動きも始まっている。このように、食べられるのに廃棄されている商材を活用することで、原価を下げて、ビジネスの利益が上がるように工夫しているのである。ただでさえ、少量のハンドメイド商品は値段が高くなりがちなので、廃棄物利用はビジネス戦略としも非常に重要だ。

高圧殺菌器をレトルト用に改造

ここで説明した、レトルトパックの生産にも長年の努力が隠されている。もともとは国際援助機関が地域生産者グループに提供した缶詰を作るための高圧殺菌器だったが、提供後も缶詰は作られず、売れる缶詰のレシピや製造予定も立たなかった。そこで、レトルトパックの殺菌ができるように、一村一品プロジェクトでこの高圧殺菌器を改造したのである。機材供与から2年以内は保険がかかっており、勝手に改造したら何かあっても保険が効かないからやめてくれという援助機関。しかし、使われずに埃をかぶっているなんて、こんなもったいないことはない。どこかの誰かの税金や寄付がこんな形で、使われて、埃をかぶってるなんて誰も見たくないはずだ。

食品加工専門家と共に改造方法を考えながら、キルギスの工業系大学に設置してある小さな機材で練習を重ねた。レトルトパックの中身は、2010年にすでに構想していた。メキシコ料理の1つ「チリコンカン」である。タラス州の余ったインゲン豆を使って、同じくタラスで豊富にとれる肉と玉ねぎとニンジン、トマトも使った。2013年には試作したチリコンカンの試食会を行ったりした。その後、月日がながれて、ついにそのレシピが日の目を見るときがきたのである。

改造した高圧殺菌器で温度と圧力を調整しながら作っていった。2017年に最初のチリコンカンのレトルトパックが出来上がったが、日本と違ってキルギスにはこれを食べる習慣がない。レトルトパックを見て多くのキルギス人は「宇宙飛行士が食べるやつだね」と言う。しかし私は、レトルト商品は絶対に近い将来キルギスで売れ始めると考えていた。それまで家族で暮らすのが当たり前で、1人暮らしをする人がほとんどいなかったキルギスでも、毎年のように建設されるアパートビル、会社形式の企業が設立され、職を求めて大勢の人たちが首都ビシュケクに集まりつつあった。そんな中で地方出身者が増え、アパートを借りて共同で住む学生や、夜遅くまで働く人も増えていた。調理が上手でないキルギス人にとって、簡単に作れるインスタント食品はすぐに広がるに違いない。実際、インスタントラーメンや手軽に食べられるサンドイッチは、この10年で瞬く間にキルギス社会に浸透した。レトルトパック商品の売れ行きもどんどん伸びている。

ヒントはキルギスの暮らしの中に

　商品開発を進める中で素材が見つかればいいが、標高が高く、冬が長く、家畜の放牧が中心となっている地域では、素材も多くなく、商品開発が行き詰ってしまうことがある。そんな時はいくら考え込んでもいいアイデアは出ない。地方の現場に行って、地元のものを食べて、飲んで、村人と話をして、村の生活を見るのが一番いい。ある時、インスタグラムを見ていると、世界的にギーが流行っているという。「ギー？」「健康によい油」最初はピンとこなかったが、「奇跡の油」とも呼ばれていて、腐りにくく、ビタミンAやEが豊富で健康によい油として知られているらしい。日本語では「澄ましバター」という言い方のほうが馴染みがあるかもしれない。へーっと感心していると、そういえばキルギスの乳製品の種類は多く、バターもいくつか種類があったなと考えていた。

　キルギス7州の中で一番標高の高いナリン州へ出かけた時のこと、とあ

る村人の家で黄色いバターのようなものを出された。作り方を聞くと、キルギス語で「サルマイ」と呼ばれているそのバターが、ギーと同じものであることが判明。キルギスの遊牧民は牛の乳を朝温めて使うが、この毎朝温めた時に上に浮いてくる脂分をかき集め、余分な水分などを飛ばしたものがまさにサルマイだった。一村一品ショップでも「サルマイはないのか？」というお客さんの要望もあるとのことだった。ナリン州で生産できるか聞いてみたが、やはりほとんどすべて家庭で消費されるので、売るほどはないという。しかし、あきらめずに聞き取りをしていると、連携している大学の先生が、「夏の間親戚が標高3,000mにあるソンクル湖というキルギスでも有名な湖のほとりで過ごす遊牧一家がいるけど、そこなら作れるのではないか」と教えてくれた。早速、生産をその先生に託してみることにした。

　数カ月後、出来上がったサルマイがやってきた。ナリン州の大学内に一村一品プロジェクトで設置した工場で、精製してきれいな瓶詰めにすることができた。『健康食品キルギス産ギー』の誕生だ。ギー＝サルマイは田舎に行けばどこでもあるが、都会に住む富裕層にとっては田舎に行かずとも買える都会のショップが必要だ。それが一村一品ショップなのだ。

4－5　パッケージデザインに統一感がない

　生産者のユニークな考えや地域性がデザインとなって現れること自体はすばらしいのだが、生産者によってさまざまなデザインが自由に施された結果、それを店舗に並べると当然ながら一村一品商品としての統一感はない。バラバラの情報に、どの情報を見れば良いのか、消費者も困惑してしまう。一村一品は自由な活動なので、自由なデザインでよいのだが、品質の確保された地域ブランド商品の販売を通じて一村一品運動拡大を狙う我々としては、デザインがあまりにも個人的センスによって、幅がありすぎると取り扱いに困ってしまう。デザインは、シンプルでも、面白くても、かっこよくても、クールでも良い。しかし、キルギスでよく見かけるパッケージデザイン

は、とにかく派手で、インターネットで探してきた誰かのデザインのコピーであることも多い。そこでプロジェクトでは一村一品商品専属デザイナーを雇用し、デザイン開発を行っている。

　デザイン案をOVOP+1スタッフで協議し、方向性を決めていく際、デザイナーの持つ本来のセンスに加えて「消費者にとって分かりやすいか？」「その地域や商品の特徴を捉えているか？」といった第三者的な視点を入れていく。個人的な主観の強いキルギスの場合、チームで最終デザインを選定させると皆バラバラで決まらないことがほとんどなので、最終的にはOVOP+1のトップが判断することにしたが、ここでもセンスが求められる。こんなとき非常に参考になるのが、連携している良品計画や他の日本の会社の商品やデザイン案だ。シンプルでミニマルなデザイン、こういった基本的考えがあれば意外と統一感が出るものなのだ。

　さて次は、こうやってデザインされた商品ラベルの印刷問題だ。開発途上国では、商品ラベル印刷ひとつをとっても問題だらけなのだ。地方であれば当然印刷する機械は家庭用の小さなプリンターで、印刷する用紙の選択肢も少なくなる。せっかくデザインを決めて何とかそれなりの色で印刷できたと思っても、数週間店舗に並んでいると日に焼けて色が変化してしまい黄色くなっているではないか！それでは一村一品の商品は田舎臭くて、質が悪いというイメージに直結してしまう。また、手作業でカットしていては張り付けた時にまっすぐでないカットラインが全体の雰囲気を台無しにしてしまう。特に円形の場合はいびつになりやすい。中国に丸く切れるカッターを注文してみたが、すぐにカッターの刃が切れなくなってしまった。次に、ビシュケクにある印刷会社にカッターのサイズも合わせて発注したところ、今度は印刷会社のカットミスが多発。ラベルの形に切れていない、中心からずれている、テスト印刷と本番の色が全く違う。ビシュケク市内にある10社以上の印刷会社のどれも同じだった。契約を履行する習慣がない国だと、事前に契約内容を調整して、印刷に問題があった場合はやり直しという文言があまり意味を成

さない。問題を問題として認識しないし、自分の失敗から逃れようとするからだ。もうこれは、文句を言っている場合ではない。OVOP+1スタッフによる印刷会社との交渉にとどまらず、印刷会社社員の教育までさかのぼり、見直しを進めていった。

液漏れやラベルの歪みの問題

　たくさんの商品を開発生産している一村一品プロジェクトだが、食品容器は開発途上国における大きな壁だ。質の高い容器や、商品デザインや、販売戦略にあったサイズや形は、販売の観点から非常に重要だ。キルギス一村一品プロジェクトの場合、多くのガラス容器はドイツ、ロシアなどからの輸入物で、特に重要となるのがガラス瓶と合わせるキャップ。キャップの内側のパッキンの質が悪いと、キルギス国内輸送中の3,000mの山越えの気圧変化で、内容物が液漏れしてしまうのだ。空輸ともなれば液漏れの発生は確実になる。キルギス国内ではそのような高品質のキャップは作れないので、輸入に頼っているのが現状だ。

　ただし例外もある。一村一品プロジェクトで採用している750mlのジュース瓶は、キルギス産をあえて使っている。形がソ連時代を思い起こせノスタルジックでかわいいし、キルギス産のものをなるべく使ってあげたいという思いもある。通常、キルギスでのガラス瓶の発注は、生産者が指定したデザインを最低でも3万本といった感じで発注するのだが、そんなに大量発注する予算はない。しかし、この750mlの瓶は一括注文でなくても買えるタイプで、量産されており、必要な分だけを買えるのだが、ガラス瓶のキャップ部分が正確なラインを保てていないため、海外産のキャップを付けた時にいびつなガラス瓶の形とキャップとの間に微妙な隙間ができ、これが液漏れの原因となる。キルギス産ボトル自体の厚みも均一ではなく、形もいびつだ。それがまた魅力でもあるけれど、少しの衝撃で割れてしまったりする。

　日本から導入している「はっ太郎」というラベル張り機械は、ラベルを半

手動でガラス瓶に張り付けられる便利商品。これは優れものである。工場のラベルラインを使って何万本もラベルを張るような量を、一村一品では生産しない。手作業でラベルを1つひとつ張り付けるのは、時間とコストに直結する。このためにラベルがロール状になったものをはっ太郎に取り付け、ジュースのボトルをセット。手動でクルッと一回ハンドルを回せば、ラベルがガラス瓶に張り付けられるのだ。非常に良いと思っていたが、なんとこの歪なガラス瓶が致命的であった。ガラスの側面がまっすぐでないために、一回転させるときに斜めに回転してしまい、結果、ラベルが斜めになって大失敗。キルギス生産の瓶を使う時のラベル張りはいまだに手作業だ。

しかし、こうやって努力した結果は少しずつ良くなっていく。発注した印刷会社のミスが少なくなり、OVOP+1内部のレベル情報の確認、それを印刷するための食品許認可など、キルギス全体で課題になっている部分が内部からカイゼンが進んでいった。こうやって人材育成することが、キルギス産商品の品質向上そのものなのである。

過剰包装かミニマル包装か

多くの開発途上国では包装素材をリサイクルできる仕組みがなく、商品が買われた後はゴミとなってしまう。このために、なるべく包装を簡素化するよう努めている。しかし、日本と比べてかなり埃っぽいキルギスでは、一日掃除をしないだけでも商品棚が砂埃で真っ白になってしまうため、食品を扱う以上パッケージは絶対的に必要である。また商品によっては包装次第で、店頭でのディスプレイ時に商品の魅力に大きく差がついてしまう。パッケージ容器の形はデザインに直結するけれど、商品毎に違う形の瓶やボトルを輸入するような予算的余裕もないので、なるべくシンプルで汎用性の高いデザインを選ぶよう心掛けている。ガラス素材の容器では重量が重すぎ、外国人旅行者が持って帰るには手が出しにくいという課題に対しては、廃棄物として包装物が出てしまうものの、購入した旅行者の国の多くではリサイクルシ

ステムが稼働していると判断し、お土産として人気の商品に限ってプラスティック容器を利用している。世界で環境保全が叫ばれる中で、一村一品でもさまざまな取り組みを行う必要があり、秤売りの導入や瓶のリサイクルなど少しずつ取り組みを始めている。

　話が長くなったが、2012年以降の「フェーズ2」において、イシククリ州における一村一品のモデルづくりはこうして進んでいった。イシククリ湖という風光明媚な観光地を抱えていて、ある意味開発をするにはアドバンテージがある場所である。しかし、国を挙げての一村一品運動とは呼べないレベルで、まだまだ一村一品の知名度は低い状況だ。カラコルのショップは夏になれば大繁盛し、にわかに知る人ぞ知るお店としてその知名度をじわじわ上げてきつつあった。地方部に住む人々が加工産業への仲間入りをして、土産物生産者として、販売所として、観光客が訪問して作業体験できるワークショップとして、観光産業の一端を担えるまでの仕組みができたのだった。

VOICE ⑦　生産者の声

アトカン・コルムルザエブ（男性64歳）
タラス州農産物生産者

　私はキルギスの西にあるタラス州に住んでいます。私の本業は農業で、タラス州の名産であるインゲン豆の生産を行っていますが、2016年に「JICA種子プロジェクト」の種子生産技術指導員になり、タラス州の種子組合を束ねています。私は2019年に一村一品運動に参加したのですが、最初は私の妻が一村一品運動のセミナーに参加して、私も興味を持ちました。ちょうど日本との契約でカボチャの種を日本に送るために生産量を増やしてきていたのですが、種を採った後のカボチャの果肉が大量に出るのに廃棄するしかなくて困っていました。そこで一村一品プロジェクトに相談したところ、このカボチャを使って、レトルトパックのカボチャスープやカボチャのパウダースープを開発していただきました。自分でもカボチャの乾燥パウダーを使って、カボチャパンを製造したところ地域の人たちが美味しいと好評を得ています。2022年にはタラス州のブランド委員会にこのカボチャスープを審査に出したところ見事合格し、タラスブランド商品として一村一品ショップで販売できるようになりました。今取り組んでいるのは、新しい工場の建設です。OVOP+1の工場を視察に行き、一村一品JICA専門家からもアドバイスをもらい、自分のカボチャ商品生産工場を建設中です。カボチャの種は2023年には4トンを日本へ輸出し、これから出荷量は増えていく予定です。それに伴って、カボチャの果肉が40〜100トンも出てくるために、加工を進める必要があります。一村一品運動に参加したことにより種子と加工食品の拡大の夢ができて私の人生の大きなインパクトとなりした。

第5章

生産・物流の整備

5－1　一村一品運動をキルギス全土に広げる拠点づくり
──カラコル工場建設とその役割

フェーズ3（2017年1月～2023年3月）
キルギス一村一品・イシククリ式アプローチの他州展開プロジェクト

　イシククリのモデルをキルギス全国へ普及という段階に入った。それまでイシククリ州だけだったのが、いきなりキルギス全国7州が対象になって、どうやって広げていくかを考えねばならなかった。イシククリ州と隣接しているチュイ州、ナリン州やキルギスの北西部に位置するタラス州は幾度か出張して、ある程度何をすればいいか分かっていたが、キルギス南部3州についての知識はほとんどないに等しい状態だった。そんな中、全国一斉に開発を始めるわけだから、何か策がないことには簡単にはいかない。もちろん、行政の力・財政不足や農業、経済を取り巻く状況は全く同じだから、生易しいことではないと内心不安でもあった。そんな中、プロジェクトを実施するうえでの実施体制を整えていった。

　一村一品運動を全国に拡大展開するためのベースになるのは、イシククリ州のモデルである。しかし、このモデルは未完成であり、開発の現在進行形でもあった。そこで、この未完成部分を完成させるために、全国の一村一品運動の進行とイシククリ州での未完成部分を同時進行で行い、相乗効果が生まれるように工夫することにした。フェーズ2の終了時点で、大きく克服しなければならない部分は2つあった。それは、地域住民に対して食品加工を指導できる「国際スタンダードに沿った工場の建設」と、一村一品ショップの「商品バラエティの増加」であった。

　当時キルギス国内に、食品加工を指導できる場所はなかった。ごく限られた一部の食品製造輸出会社が国際基準を取っていたが、一般人は中には入れなかった。学校の施設や指導内容もまだまだのレベル。そこで、政府や援助関係者、生産者や商品を販売したいビジネスマンなどが気軽に視察できて、また、本格的に食品加工を始めたい人たちが食品加工の重

カラコル新工場の建設

要部分を学ぶための施設を建設すべきだという考えが生まれていた。また、一村一品ショップを上手く運営していくには商品のバラエティが全く足りないのも問題であった。一般的に日本では、コンビニエンスストアなら3,000商品、デパートで1万ぐらいの商品があると言われている。私は、一村一品ショップには少なくとも1,000種類はなければと考えていた。全国展開は、活動を進めることが商品数を増やすことにつながるので、キルギスの地域毎に違った商品を開発していくことが重要であった。そこで、州毎に違う素材を使い、隣接する州でも同じものは生産しない方向で商品開発に取り組んだ。

　まずは、関係者が学べる工場建設から。OVOP+1の拠点であるカラコル工場は、すでに説明した通り、職業訓練校を間借りした簡易なものだった。しかし、そこで培った経験、仕組み、また作成したマニュアルや人材は何よりも重要で、一村一品運動を全国へ拡大するうえで重要な基盤となった。フェーズ2の終了時評価等により、JICA担当部署よりカラコルの拠点整備を提案されたときは本当に救われた気持ちだった。というのは、当時キルギス政府が管理する学校などの施設の貸出ルールが変わり、入札での価格競争による価格の変動で借りる条件が不安定な状況が続いていたか

らだ。カラコルの学校から追い出された場合は、地域住民を巻き込んだ集約型のフェルト工場の設置や、点在型生産システムの拠点となる場所がなくなるために、すべての生産システムが停止してしまう恐れもあった。これに加え、一村一品商品の人気に伴い、食品の国際スタンダードを満たす加工場の整備の必要性やそれに必要な設備費の確保など、大きな課題に直面していたのである。何より、全国展開するにあたって予想される、他州での食品加工商品の増加を考慮した場合、イシククリのモデルとしてはとても見せられないレベルの食品加工場だったのだ。

　折りしも、キルギス政府が2017年よりユーラシア経済連合の認証制度であるEAC制度に加盟したことで、食品安全規格（HACCP）の遵守が求められるようになった時と重なり、これまで使用していた職業訓練校の調理実習室では正式には製造の許可が下りない状況に至った。学校での業務をあきらめて、新たな生産拠点が必要となったのである。OVOP+1が土地や建屋を保有する場合に改修という形での支援ができるというJICA本部からの申し出は、OVOP+1にとっても非常に魅力的な提案だった。そこでOVOP+1は、売上と保有している現金から、どれぐらいの規模であれば銀行借り入れにより中古物件を購入できるかを試算。同時に、カラコル市内における古い建屋の調査を行った。この調査に当たっては、物件のある場所が住宅街や何らかの規制のかかっている場所ではないこと。また後日問題が起こらないように、プロムナードと呼ばれる工業地帯に所在するすることを条件として慎重に物件を選んだ。結果、築後30年以上たっており、ほぼ前面の壁がない3階建てのコンクリートビルが候補となった。耐震診断などを行い、補強により利用許可を得られることも判明した。

工場稼働までの紆余曲折

　OVOP+1が銀行から8％の金利によって13万ドルを借り入れた。実は、それまでOVOP+1は、ローンを借りないことを徹底してやってきた。多くの

開発途上国がそうであるように、銀行が外資に頼っている場合、外国から借り入れた時点で15%近い利子がついていて、その資金を使って国内で資金貸し出しを行えば最低でも20%以上の利子が付く。多くの地域住民は20〜30%という信じられない高い利子のお金を借りてしまい、返せない事態に陥るのである。しかし、そういった貧困国の人たちはまじめで、借りたお金を踏み倒したりはしない。他の誰かに借りたり、持っていた家畜を売ったりしてお金を返す。銀行からの資金調達がかえって貧困を生む仕組みになっているのだ。しかし、多くの国民はそんな知識はなく、マイクロファイナンスという響きのいい単語を武器に、地方にクレジット会社が増え続けていく。そんな状況もあって、OVOP+1にはお金を借りないよう指導してきたのだった。

しかし、ここにきて低金利の貸出しが増えてきたことや、銀行にお金を借りてビジネスを拡大する方法も勉強したほうがよいと考え、新工場の土地と建物の購入に銀行からの借り入れを許可した。ひと月に4,000ドル弱の返済計画だったが、見事に3年で売上金から完済することができた。コロナが発生する前であったのも幸運であった。

さて、カラコル工場の建設に当たっては、キルギスの建築基準法の変更や地方ならではの情報の不確実性などにより、かなりの時間と労力を要することになった。

短期食品加工専門家と共に工場の生産キャパシティを計算し、HACCPに合格できるような基本デザインを作り、それを基にキルギスのデザイン会社へ依頼するという流れでデザインを策定した。デザイン制作のための見積もり依頼の時点で、見積もり競争の観点から低い金額を提示してくる会社を探す必要があったが、これが仇となってしまった。キルギスではよくあるパターンなのだが、キルギスの建設会社は会社専属の専門家・技術者を抱えることはほとんどなく、会社は1、2名のみの人員で設立し、それ以外の人材はすべて外部委託による契約となっている場合が多い。これは社会基金や税

金などを支払わないための手段で、キルギスではよく使われている。何も知らない我々は、このパターンの会社と契約してしまったのだった。

案の定、デザインの一部は未完成で、不具合箇所がたくさん見つかっても、建設会社が個別に雇っていた電気や水道などの技術者は、どこかに行ってしまって対応してくれなかった。何度も交渉するも全くなしのつぶてであった。それでも一旦このデザインの所有を正式にOVOP+1にして、再度別会社へ依頼するなどし、最終のデザインが出来上がったが、それだけですまなかった。デザイン確定後にキルギスの建築基準法の耐震に関する法律が変わり、デザイン変更が発生。最終デザイン確定後からの建築会社の調査、選定にも1年近くを要した。コロナの終息時期に合わせて日本から建築の専門家に来ていただき、進捗や品質を確認しながら工事を進めた。そうやってとうとう2022年6月に工事は完了し、10月にはカラコル工場の開所式を実施した。1階が食品工場、2階がフェルトの最終出荷場、3階がオフィスである。このカラコルにできた新しい工場には、地方生産者、政府や援助機関、周辺国からも視察やトレーニングのための訪問者が絶えない状況になっている。

"共同加工場"という発想

カラコルの工場が出来上がり、多くの視察者が訪問し感銘を受けると、今度はどうやったらキルギス全国で一村一品運動を広げられるだろうかと、プロジェクトでは思案した。実際問題、一番課題なのはお金であった。資金がないと工場を建てることはできない。毎月、毎年のように増える新商品と生産者数――これは喜ばしいことだが、皆地方に住む比較的低所得の人たちだ。加工場自体も少ないキルギスにおいて、初めて食品加工に取り組む人たちがほとんどだった。そんな人たちが、いきなり工場建設の資金を捻出することは難しい。まずは、商品が売れるかどうかの確認が先だ。一村一品商品を開発して、生産して、ブランドを取得しても、実際の販売実

績が付いてこなければビジネスプランも作れないし販売予測も難しくなる。まずは小規模でもいいので工場は必要だった。

そこで我々が考えたのが共同加工場だった。ナリン州のナリン大学との連携により、農業学部の1室を一村一品の生産活動を行う共同の作業場としたのである。外部の一般人である一村一品生産者が出入りすることを条件に、大学と調整を行った。その代わり、プロジェクトが新しく開発したレシピの指導や一村一品の授業などをナリン大学の生徒が受けることができるというものだった。生産者が作ってきた半加工食品を、この工場で最終調理とパッケージ化することによって、正式に出荷ができる形にした。この共同加工場は、プロジェクトの進捗のスピードアップにもつながった。ビシュケクを拠点に商品開発を行い、この共同加工場に関係者を集めて、開発したレシピやコスト計算の実技指導をした。キルギス全国を飛び回る中、拠点にて加工指導ができることは事業の効率化に大きく貢献した。

タラス州では、商品の製造・販売の許可を出すキルギススタンダードの建物の中に、同様の機能を設置することができた。ナリン州もタラス州も一村一品活動に対する理解者が多かったことが功を奏したが、それ以外の州はなかなか進まなかった。キルギス南部の州は人口が多く、中心的な地方都市に政府や学校が提供できる空きスペースがなく、一村一品商品の共同加工場を設置できる場所は見つからなかったのである。そのために取った行動が国際開発援助機関との連携だった。キルギスにおける援助機関の支援は、2010年の内乱後はキルギス南部が多くなってきており、多くのプロジェクトが実施された。この援助機関のプロジェクトで供与された工場や機材の多くが使われていないことに目をつけ、その再利用に乗り出した。多くの工場や機材が使われていない理由は、ビジネスに直結しない商品を生産していることだった。ここに一村一品商品を持ち込んで生産しようというのだ。販売網は確保しているのだから、生産者もすぐにそのメリットに気が付いた。

地方の指導拠点/加工出荷場で指導を受ける生産者

　こうして、イシククリ州の新工場を商品加工や国際スタンダードに合致した品質管理を学べるモデルとして、同時進行で各州での共同加工場の設置や援助機関の支援した機材などを活用して、一村一品運動の全国展開は進んでいった。

全国各州にブランド委員会を設置

　さて次は、住民動員だ。ここでいう動員は生産者だけを指さない。その地域に住む多くの関係者を、一村一品運動に対して目を向けさせることが重要なのだ。すでに説明済みのように「ブランド委員会」を軸に関係者を巻き込んでいった。もちろんステークホルダー会議なども行ったが、常にブランド委員会の開催を目指した方向で行うことで、関係者間の議論や向いている方向の調整をしやすくしたのだった。各州を訪問しブランド委員会の仕組みや意味を粘り強く説明していったが、サンプル商品が手元にあるから意外と簡単だった。メイドインキルギスの商品をもって、またその州ですでに生産された商品であればなおのこと説得することは容易だった。

　一番重要なことは、一村一品商品を目の前にして手に取り、評価員たち

に参加・評価してもらうことだ。一度体験すればその面白さと地元商品の愛を感じて進んでいくことは、仕掛ける側はよく分かっていたので、サンプルを持って説明していった。毎年のようにコロコロ変わる各州の知事・副知事に対して、説明会を毎年のように繰り返していった。各州のブランドロゴの開発に関しても初めはそれほど期待していなかったが、州政府からデザイナーに呼び掛けてもらい、その州の商品を表すのにふさわしいロゴの開発を進めてもらった。ブランド委員会によって最終的なロゴの選定を行い決まったわけだが、中には非常にユニークで面白いロゴがあった。例えばジャララバード州は、3000年以上の歴史があると言われる世界最大のクルミの森がある。ブランドロゴには、そのクルミを半分に割ったときの形に、ジャララバード州のクルミ、豊かな水、花といったものがデザインされていた。オシュ州の場合は世界遺産に登録されているスレイマン・トーという山をモチーフに、オシュ州の伝統的なカラーであるこげ茶色を使い、またバトケン州はここにしか咲かないアイグルという名の花の模様が描かれた。このようにすべての7州のロゴがユニークなものとなった。

　自分で言うのもなんだが、このブランド委員会は本当に面白かった。準備

7つの州にブランド委員会を設置

する側は本当に大変で、試食用のサンプル、プレゼン準備、委員会メンバーがちゃんと来るように催促。それはそれは大変だった。行政は委員会メンバーに催促の電話を入れるぐらいの支援だが、「俺は仕事をした」とばかりにご満悦だった。そんな環境でも、商品評価では今までに見たこともないような商品やテイスティングなどで、評価メンバーの意識が変わっていくのが見て取れた。本当にやっていて良かったと思える瞬間である。こうやって、ブランド委員会が各州にでき、認定された商品が毎年できる仕組みが確立されていった。

「ナショナルコンペティション」

さて、一村一品運動の拡大にはもう一歩踏み込んだ仕掛けが必要であった。それは、各州で認証を得た一村一品のブランド商品を、さらに世に広めるための仕掛けだ。しつこいようだが、食品加工が発達していない国では、新しい自国商品を普及することはなかなか容易ではない。各州でブランド委員会を行って、味見をして、触って、商品のコンセプトを理解して、一村一品商品ファンをつくり上げてきたわけだが、国の中央レベルでさらに商品情報を浸透させる必要があった。そこで、政府上層部の人たちからビジネスグループ、地方を支援してきた国際機関の関係者などを幅広く集め、ブランド商品の中から金銀銅を決めるイベントをやろうとした。まあ、誰しもが考え付くイベントではあるが、実際問題、これをやるにはかなりの仕込みと苦労が伴う。商品の品定めを行うようなイベントには政府関係者は興味を示さない。その意味や国を代表する商品があることを知らないから、余計難しいのである。だからこそやる意味があるのだが。しかも、ただイベントを開けばいいというわけではなく、プロジェクトとしても用意周到な準備が必要になる。

まずはイベントを開催するために、国家中枢で事前審査を行う評価委員会を設置。各省庁の代表、食品加工部門を持つ大学教授、食品検査機

関など20数名を集めて、前年度にブランドを取得した商品の品定めをする。やり方は地方ブランド委員会と同じだが、ビシュケクに住み、それなりの肩書を持っている人たちからは、さらに細かな質問が出たりする。そうやって各商品に点数をつけて、金銀銅以外の特別賞なども用意する。しかし、この委員会が決めるのは金銀銅になるであろう3種類を決めることまでに留め、最終決定はコンペティションの場で決めるのだ。

　2018年、第1回ナショナルコンペティションが開催された。このコンペティションの場では、各州の知事、副知事レベルが、自分の州のブランド商品の自慢スピーチを行う。一村一品運動に興味がなかった知事・副知事が、政府上層部の前で「おらが州商品自慢」スピーチを行うには、ある程度予習が必要だ。彼らの人生の中で、商品の説明を人前でやるという経験はまずなかろうから、こういった自分の州の商品についてスピーチができるレベルまで商品情報を頭に叩き込む。その作業自体が一村一品運動の推進なのだ。知事のスピーチも終わり、いよいよ金銀銅を決める。関係者が見守る中、大臣、日本大使、JICA所長等が説明を受けながら金銀銅候補の商品の味見をしていくのだ。

　実際問題、これを決めるのはかなり難しい。商品の背景、パッケージ、味、キルギスを代表するにふさわしい商品であるかをもとに審査する。最終選考者数は奇数にしてある。選考者同士で話し合いも行われ金銀銅が決まる。200名ほどの関係者が見守る中で金銀銅を決めていく臨場感により、見ている関係者にもイベント性が生まれ楽しめる。誰かがどこかで勝手に決めた賞では、何かと腑に落ちないもの。こういった一連の選定作業を踏襲することで、実は多くの関係者が一村一品運動を理解するという仕組みなのである。もちろん、コンペティションに参加するブランド商品の生産者は、より高いモチベーションや加工生産ビジネスに対する強い意識付けをされることになる。

5－2　実際にモノを動かす

ロジスティクスセンターの設置

　一村一品運動が全国へ広がる中、商品数も少しずつ増えていった。1年間に各州で7〜10商品ぐらいがブランドを取得していくスピードで、年間40〜50商品くらい。1つのブランド商品のサイズ違いなどを入れると、数年で数百ほどの増加がみられた。しかし、皆さん、考えてもみてください。我々が一緒に働いている、技術指導しているのはキルギスの地方に住む加工生産活動を始めて間もない人たちばかりだ。ビシュケクに商品が届いてみると、賞味期限が印字してなかったりラベルがまっすぐでなかったりと、やり直しが必要な商品が本当に多かった。地方と都市を結ぶ交通手段はタクシーであり、タクシーは小型車から大型車まで個人事業で、遠方だと商品の配送に車で20時間ほどかかる。人を運ぶのが主な仕事のタクシーに一村一品商品を託すわけで、当然ながら丁寧には扱ってくれない。薄い包装紙で巻いただけで送ろうものなら、着いたときには商品はボロボロになっている。

　こういった背景からも、首都ビシュケクのショップで販売する前には一度検品を行う必要があった。また、各地方から荷造りされて送られて来る商品の梱包はサイズもパッケージ素材もバラバラなので、包装の開封から、品質確認、包装紙などの廃棄などが必要となり、これらの検品を一村一品ショップで行うわけにはいかない。地方からの商品を一旦別の場所で受け取り、検品後に各販売所へ再配送することになった。「ロジスティクスセンター」の設置が求められたのだ。しかし、まだまだ販売量がそれほど多くなかったので、商品発注や契約、輸出などを手掛けるOVOP+1のビジネス部門をつくり、商品受注とストック管理を手掛けることにした。かくして、ビジネス部門の発注担当者が必要な商品を生産者へ生産依頼、これをロジスティクスセンターで受け取り、品質確認後再配達するという流れが出来上がった。

　キルギス人にとって、たくさんある商品バラエティを整理・整頓し、管理していくことは負担で、なかなか思ったようにはいかなかった。まずは、このロ

ビシュケクにあるOVOPセンター

ジスティクスセンターとそこで働く人の役割の明確化が必要だった。何百キロも離れた田舎に住む生産者へ生産依頼をして商品確認をするわけだし、キルギス人にとってちょっと特殊な商品群は、特に新人スタッフにはハードルが高すぎた。しかも、生産者毎に工場、技術などの環境が違うので、ただ発注すれば良いというわけでもない。生産者との会話を通じて、原材料となる農産物の生育状況やこれまでに失敗したケースを思い出しながら、再発防止を行わなければならない。こういった理由から、食品加工の技術指導スタッフが発注を行う仕組みにした。

　ゆくゆくは発注専門スタッフを雇用したいのだが、まずは、生産者の顔と状況を良く知る技術指導スタッフが行うことにしたのである。

コンビニ慣れした日本人には気づかない

ここでキルギスの一村一品運動で形成された仕組みをおさらいしてみよう。大まかに分けると以下の10のステップになる。

① キルギスにある素材、文化、歴史などから商品を開発。
② パッケージ、デザイン、生産コストなどオールコンプリートなサンプルを作る。
③ 地方の生産希望者へ説明会実施。一日に作れる量や儲かるお金など細かく説明。
④ ③でやりたいと手を挙げた人に対して、技術指導を行う。生産トレーニング。
　必要に応じてカラコルのトレーニングセンターでの研修。
⑤ トレーニングを受けた人の中で、機材や認証が取れたグループからテスト販売開始。
⑥ ブランド委員会へ提出。認証を得るとブランドショップで販売可能に。
⑦ ブランド認証を取ると正式にOVOP+1が生産者に対して商品を発注。
⑧ 生産設備や工場を持たない人は共同加工場で最終パッケージを行うなどして発送。
⑨ 商品受け取り、品質確認。OVOP+1から支払い。再配送。
⑩ ブランドショップや他で販売。

各地方に出向いては素材を発掘し、商品を開発して、地方在住の人たちを巻き込みながら生産方法や商品管理・発送方法までも丁寧に指導していく。結構大変な作業である。しかしこの作業を通して我々自身、本当に気付かされることがたくさんあった。まず一つに、ほんとに美味しい、素晴らしいものがたくさんあるということ。日本のコンビニの世界に慣れている我々は、言ってみれば、ものすごく洗練された加工技術や流通、鮮度管理などの一番発達したシステム部分を見ている。その環境からするとキルギスはほ

とんど何もしていないに等しいが、そこで発見する素材そのままの味や香りには感心させられる。キルギスの素晴らしい自然環境が生み出すその素材のすばらしさに改めて気づかされるのだ。それはまた、シンプルな加工指導を行えるちょっとした工場があれば、収入を増やすことができる加工品指導ができることを意味する。

　加工産業が進んでいないからこそその目に見える変化なのかもしれない。世界の援助機関がこれだけのたくさんの資金を投入しているにも関わらず、地方に小さな共同加工場をつくることすらままならないことにもどかしさを感じた。日本の多くの企業が日本でやっているように商品開発をして、それを地域住民に教える。全員成功はしないけれど、頑張る人には成果が付いてくる。この作業を自分の利益ではなく、社会支援の枠組みとして行える組織は、援助を手掛ける国際機関やNGOしかあり得ない。貿易会社が買い付けるところまではいかなくても、JETROなどの企業支援の対象になるぐらいまでいくには、JICAのような組織による支援が本当に重要になるのである。

5－3　OVOP+1の課題とチャレンジ

　ここで、開発途上国ならではの苦労やまたどうやってそれを乗り越えようとしているのか、その一端を少しだけ解説しよう。

ムリ・ムラ・ムダの連続

　食品加工専門家から常に助言されていたことの一つに、「ムリ・ムラ・ムダを省け」がある。しかし、実際にはその真逆で、開発途上国の地方農村部での活動はムリ・ムラ・ムダの連続なのである。高品質商品の生産はムリを承知で生産、無理だと思ってもなんとか達成する。慢性化した正確でない時間管理や準備不足により、納入期限直前になると夜まで仕事。ムリばかりが重なる状況だ。生産にかかる時間の使いかた、効率性、スタッフの働き方、ジュース瓶の量など、どれも一定しないムラの連続。原材料を

第5章　生産・物流の整備

必要以上調達したり、ストックがあるのにまた買ってしまったり、一度の出張で済むのに準備をしていないから、また100km先まで出張を繰り返す。ムダだらけ。これがこれまでの一村一品プロジェクトの実態である。

　「システムづくりが大切！」「5Sは基本中の基本！」それは分かっている。5Sやカイゼントレーニングは数知れずやってきた。しかし、システムをつくっても誰も従わない、5Sのトレーニングをした後に全くフォローできない、なんていうことは日常茶飯事であり、なぜなのかを考えさせられる日々。職業に対するプロ意識を持つという発想そのものがないのはどこの国でも同じ。「この業務、この技術を使って、この世界のナンバーワンになる！」というような、技術や知識によって自分の未来を切り開く意識は非常に薄い世界。ポジションは欲しいが、責任の重い仕事は絶対にやりたくない。言われないとやれないのに重要な決め事は上司に聞かずにやってしまう。キルギスでもこうしたことを感じるところはあった。

　フォーマットを作って書き込んでもらうが失敗。ホワイトボードにスケジュールや成果を書き込んで毎日確認も失敗。毎朝、場を和ませるアイスブレイクゲームを実施するもすぐに飽きて終了。こうやって、あらゆることを考えて実施しては終了、失敗を繰り返してきた。しかし、数々の失敗の連続でも、ほんの少しずつ変化があるもの。実に微々たる少ない変化でぼーっとしていると気づけないレベル。しかし2～3年経って振り返ると少しの変化が見える。そんな感じだ。悩んで、悩んで、アクションを起こして、反省して、また違う方法でやってみる。ショップの売上に一喜一憂し、海外輸出の成功に歓喜したかと思えば、些細な失敗で落ち込む。しかし、キルギススタイルですごいところは、デッドラインに対して、一般的に皆真剣であること。コンスタントに前もって計画的に作業することは苦手でも、デッドラインに向けてやるぞとなると、皆が一斉に作業の仕上げに真剣に取り組む。やっぱりあきらめようとはならない。これはすごいことだと思う。ムリ・ムラ・ムダを少しずつなくして、効率化を図っていく、この積み上げを進めるだけでいい。

視覚化による工夫

　こうやって苦労の連続の中、少しずつ何が問題なのか分ってきた。一つの大きな問題はやはり「情報共有」だ。一般論として、キルギス人は個人主義が日本人よりも強いことはすでに書いたが、SNSの発展によって情報のやり取りが格段に進化したとはいえ、問題なのは、パソコンで仕事をしている個々人の作業内容が見えないこと。当たり前のように1人に1台与えられる必需品のパソコンも、作業分担や明確な指示、それを達成する技量や責任感といったものが伴わない場合、各スタッフが担当業務をどれぐらい達成して、何が問題なのか、パソコンを使うからこそ何をしているかが分かりにくくなるのだ。そのために、作業と情報の視覚化に取り組んできた。

　例えば、プロジェクトやOVOP+1が管理する車両が5台もある。通常、この車両のオイル交換などの整備タイミング、保険の契約期間などの管理は手帳を作ったり、エクセルシートを作ったりしたが、全く無意味なぐらい役に立たない。これは、担当の運転手が手帳に書き込んだり、エクセルシートに書いたりすることを忘れるからだ。このために、小さなホワイトボードに車の写真と必要な情報を書きだして、壁に貼ることにした。こうすることで、必要な時にスタッフの誰かが、その壁のボードを見ればすぐに必要な情報を取ることができる。商品発注も一体どの商品を何個発注して、それがどういう進捗なのかをエクセルだけで管理するとスタッフ会議を行った1週間後まではいいとして、その後、変更や進捗をエクセル上で変更したか否か、グーグルでシェアしても、細かな数値を上司がいちいち確認している時間や余裕はない。そこで、大きなホワイトボードに商品名を書き出して、在庫の有無と発注状況が分るようにした。

　そうするとこの商品について、「ショップがないって言ってるけどどうなってる？」「全体的に30%ぐらいが欠品だね」とか、担当以外の上司やプロジェクトスタッフがすぐに見て取れてコメントができるし、書き忘れなどを月曜日の朝、上司と一緒にホワイトボードの前に立って調整できる。こうやって、パ

ソコンの中の作業を外に出して視覚化することで、乗り越えようとしてきた。

5－4　物流と販売網の拡大

キルギスにも「道の駅」を

　一村一品商品の販売を考えると、誰もが日本的に「道の駅」を連想するかもしれない。キルギスからたくさんの人たちが日本での研修に参加し、日本の"道の駅"を実際に見た後に、キルギスに道の駅をつくろうと言い出す。しかし、夏と冬の観光客数に極端に差があり、観光閑散期は年7カ月もある。また、キルギス人の観光客はまだまだ少なく、近隣村落からの人々の購買力も決して高くはない。これに加えて道の駅を管理する能力、商品を切らさないように生産し、届ける仕組み、多数の商品の受入れや販売を担う人材の必要性、これらを総合的に考えれば、それがどれぐらい難しいことかすぐに想像がつくだろう。

　一般的にキルギス人が飛びつくビジネスはやはり、すでに製造元がしっかりしていて、いくらでも調達できる仲卸が存在していて、安くて持ってこられる海外商品を仕入れて販売する。これが手っ取り早いビジネスだ。しかし、一村一品は地域で生産したものを、地域人材が管理して地元にお金を落としていくのが使命である。そして、その商品の流通の一番重要な供給の部分が不安定なのだ。ここで、キルギスの一村一品運動がどのようにして、生産した商品を流通に乗せてビジネスを進めているのかを説明したい。

　まずは、ターゲットの設定について。世界中が日々経済的に進歩を遂げる中で、これまでJICAが支援をしてきた開発途上国、とりわけ途上国の首都の変化は目まぐるしい。国全体が経済的にうまくいっていない、または貧困国、途上国といったレッテルを張られていても、首都ではポルシェやレクサスが走っており、途上国内での格差の拡大が進んでいるのが実情だ。そういった首都に住む富裕層は世界の流行に敏感で、よりヘルシーで、美容に良い物に目がない。インターネットが普及し、日本に住むキルギス人、アメリ

カに住むキルギス人から、いや世界中に住むキルギス人からその国の今が発信されており、先進国で流行っているものが欲しいと考えるようになる。今まで使ってきた化粧品がものすごく粗悪品だということ、輸入業者は安く仕入れて高く販売できるものを輸入していることに消費者は気付く。キルギス富裕層の商品への意識はこの10年で大きく変わった。一村一品運動ではこの途上国内の地方部と首都の格差を利用してビジネスを実施しているのである。

格差をなくそうではなく、活用しよう

我々JICAや国際機関で働く関係者は皆、長い間、格差をなくそうというスローガンでさまざまな支援をしてきた。しかし、格差はなくなるどころか広がるばかりだ。そこで、我々一村一品プロジェクトは考えた。「格差をなくそうではなく、格差を活用しよう」という戦略を。村落で生産、小規模生産、ナチュラル、ワイルド、ピュアな素材選び、ハンドメイド、このコンセプトではコストは安くならない。ターゲットは富裕層や旅行者なのだ。価格帯をどこに置くかは重要で、ターゲット層である富裕層といっても、バカ高い商品は売れない。そこで、外国の旅行者やビシュケクの富裕層から見ると、キルギス一村一品商品は「安い」と思える価格で、キルギスの一般人からすると「高い」。この価格帯を維持することを1つの目安にしている。

一村一品商品は「高い？」

原価計算を行ってコストをはじき出す。そしてインターネットで、同じような商品が世界でどれぐらいの価格で販売されているかを調査する。キルギスでの販売価格は、輸入物がある程度高級な商品であれば、仕入れ価格に少なくとも40～70%はマージンが足してあることを想定し、世界での一般的な販売価格の30%ほど安い価格にしている。外部からのビジネスオファーが来た場合、この価格からさらに20%ほどディスカウントした卸値となる。こ

んな価格でも、省庁での会議や地方ビジネス会議などで、「一村一品商品の値段は高い」とキルギス人からコメントが良く出るのだ。その時の答えは「すみません、ターゲット層はキルギスの一般人ではないので、お金がない人に販売するのが目的ではなく、生産者がお金を儲けるための設定です」なのだが、これがなかなか通じないのだ。

　一方で、キルギスの大統領府や外務省は、対外的なイベントや外国からのミッションの受入れ時に、一村一品商品をプレゼンするようになっており、その年間の額は3万ドルにまで膨らんでいる。これは、当然ながら、その品質の良さと何よりもプレゼントを渡したときのゲストの反応が非常に良いからだ。数年前にはキルギス政府が一村一品商品を買い上げて、外交に使うなんて考えられなかった。貧困国だから商品価格を低く抑えるのではなくて、一村一品商品によって地域住民がお金儲けをするために、しっかりとターゲット層を決めて、販売を行うことが重要なのだ。国によっては、観光客がほとんど来ない国もあるだろう。その場合やはり輸出した時のターゲット層をあらかじめ想定したうえで、中間のクライアントも選ばなければ、二束三文で買い叩こうとする業者しか現れないことになる。

5－5　販売をけん引する2つのショップ

2つの部屋が混在

　一村一品商品生産者の収益形態は2つに分けられる。1つは自由な個人の意思によってデザインや生産活動を行っている人たち、もう1つはOVOP+1が発注する商品を作っている人たちだ。前者の生産時期や量は、気まぐれで安定しない。副業なので、特に冬場はたくさんの時間があるが、別件で忙しいと全く生産できない。これでは効率的なビジネスを行うことは不可能で、生産者任せの商品納入ではショップの経営が不安定化し、地域経済にインパクトを与えるような生産ボリュームの向上にはつながらない。また、村落に住む個人生産者の自由な発想で生産される商品の特徴

は、統一感がなく、多くがコピー商品である。しかし、逆の発想をすれば商品品質がバラバラで、形もコピーした割には全く似ていなかったりすることで微妙なアンバランス加減が存在し、日本で流行った単語「ブサかわいい」に近い状況が狙ってないのに自然に生まれていたりする。これも、ある意味付加価値を高めていると言えよう。「蓼(たで)食う虫も好き好き」で、非常に質の悪いアンバランス商品を気に入って買っていく人も少なくない。このような個人生産者が勝手に生産する商品をあえて推奨することで、顧客のお国柄や個人の好みに対応した商品バラエティを揃えているのである。

　一方で、いつ売れるか分からないこれらの個人商品をたくさん並べていては、商品回転が悪く、計画的なビジネスにならないので、OVOP+1にとっても好ましい状況は生まれない。このために、カラコルのショップでは2つの部屋を用意して、販売する商品カテゴリーを分けることにした。1つは、個人生産者が独自に生産した商品を自由に持ち込めることにし、そういった自由な商品を置く部屋。もう1つは、イシククリブランド委員会の審査をパスした商品で、OVOP+1からの発注によって生産依頼し、ブランド商品として並べる部屋である。一村一品運動の拠点であるカラコルのイシククリブランドショップでは、この生産者の独自デザインとブランド共通デザインが混在するショップ経営としている。また、個人生産の独自デザイン・レシピは預かり売りとし、売り上げは毎月月末に支払う。一方のブランド認定商品は、OVOP+1が商品をオーダーし、品質検査を行った後に生産代金が支払われる方式。前者は生産者が独自に値段設定できるために、高めに設定できるが、売れるかどうかは商品次第。後者の委託商品の生産委託費は作業量によって相場から割り出されるために、高額とは言えないが、一定量を生産した分だけ確実にお金が入る。

　観光客やビジネスチャンスに恵まれているイシククリ湖の北側のグループは、独自商品の生産を希望するケースが多く、観光客も少なく仕事もない南側は委託方式を好む傾向にある。こうやってカラコルショップは運営されてい

るが、ビシュケクショップではブランドに認定されたものだけを販売することにしている。全国7州でブランド認定された洗練された商品のみを扱うことで、ビシュケクに多数存在する他のお土産屋さんと区別するためである。

「OVOPセンター」を新規開店

ビシュケクのイシククリブランドショップが設置から4年が過ぎた頃、全国のブランド構想が具体化しつつあった。このために、一村一品プロジェクトによって開発し、ブランド化された商品を販売する専門店が必要となった。2017年、イシククリブランドショップは新たに全国の一村一品ブランド商品を販売する場所として、「OVOPセンター」という名称で新規に開店した。100㎡の半分を店舗に、残る半分をプロジェクト専門家とスタッフ8名が業務を行うオフィスに使う。OVOPセンターは全国7州のブランド委員会によって評価された商品のみを販売する専門店だが、十分な商品数を揃えるにはそれから3年ほどが必要だった。

100㎡の半分とはいえ、ショップスペースを商品で満たすにはかなりの商品数が必要になる。フェーズ3の開始段階では、商品バラエティの90％以上がイシククリブランド商品のみ。商品数も200種類ほどあるフェルトを1とカウントすれば、それ以外は50種類ほどしかなかった。このため、各州における商品開発を進めながらも、ビシュケクを中心にオーガニック系やナチュラル系をうたうキルギス産商品や、一村一品運動に影響を受けて独自に商品生産を始めた企業商品を「パートナー商品」という形で販売し、足りない商品数を賄うことにした。その後、コツコツと全国での商品開発を進めて行き、2023年12月時点で743種類の商品を取り扱うまでになった。

OVOPセンターはその後、2021年からOne Village One Product「Business & Shopping center」という正式な名称と共に看板の取り付けを行った。この通称OVOPセンターのコンセプトとして、単なる一村一品商品の販売所ではなく、さまざまな機能や意味を持たせている。まず、生産

者をはじめ、援助機関のプロジェクトなど商品開発に関連して尽力した人たちが、その結果を商品として手に取り確認できる場所としての設定。商品ラベルには関連援助機関との連携を表示してあり、自分たちが手掛けたプロジェクト成果について商品を手に取ることで感じられるようにした。生産者は高級な雰囲気の店舗環境で販売される自分の商品に誇りを持つことができた。さらに店舗内に大きな会議用テーブルを設け、商品に囲まれる中でのプロジェクト説明からビジネスマッチングも可能にした。

これに加えて、2021年からは店舗奥に位置するガラス張りの部屋でマスタークラスを開催できるようにし、OVOPセンターで販売している商品の使い方などのレクチャーを行っている。蜂蜜の味や産地の違いの説明からキルギス素材を使った日本風お弁当の作り方、アロマオイルや手作りスキンクリームの作り方など、たくさんのワークショップを行うことで顧客の一村一品商品への理解促進を図ると共に、OVOPセンターのファン層を構築していった。キルギスの地方出身者は、自分の出身地の商品を見て喜び、出稼ぎに行く人たちは、自分の田舎やキルギスを誇れるお土産を買い求めていく。キルギス外務省は外交のさまざまな場面で一村一品商品を相手国へのプレゼントとして使っており、また、諸外国からの訪問者の視察先としてもOVOPセンターを活用した。生産者から政府関係者までさまざまな一村一品に関わる関係者と顧客が、キルギスで生産された商品を楽しめる場所になっているのである。

こんなことがあった。2018年のある日、OVOPセンターはまだ店舗スペースの半分を事務所として使っており、週末は店舗開業していない頃だった。日曜日に店のシャッターを半分閉めて事務作業をしていると、ドンドンドンと誰かがシャッターを外から叩いている。仕方なく開けると、キルギス人が焦った顔で言った。「俺はドイツで仕事をしていて、休暇でキルギスに帰ってきてるんだけど、今から空港へ向かってまた出稼ぎに帰るんだ。でも、ドイツ人が気に入るお土産を売っているのはここしかない。頼むから商品を販売してく

顧客で賑わうOVOPセンター

れ！」と。快く店内で買いものをしてもらった。これと同じ状況は幾度となくあり、早く年中無休の開店体制を整えなければと思ったのだった。その国で生産された自国の生産物を集約して販売している場所は、どこの国でも多くはない。個人のビジネスとして捉えられている部分を、メイドイン自分の国として集約することは、顧客にとっては非常に明確であり、集客するのにも一役買っている。

空港免税店での販売

キルギスの空の玄関であるマナス国際空港は、一村一品商品の販売場所として大きなポテンシャルをもつが、これまで空港に店舗を出しているカフェやお土産屋さんとのテストセールスを行った結果は芳しくなかった。到着ロビーに居座る旅行者はほとんどいないために、出発ロビーに商品を置く必要があるのだが、なかなか良い連携相手が見つからずにいた。しかし2021年になって、マナス空港出発ロビーの免税店を運営する会社の人材がOVOPセンターを訪問し、一村一品商品の免税店での販売に強い関心を示してくれた。何度かの協議を経て正式に販売が決まった。免税店で働く

24名に対して、一村一品のコンセプトや商品の詳細情報を説明するトレーニングを3回に渡って開催した。2021年8月より免税店の一角で販売を開始し、2022年より発注量が増えるようになり、売上も拡大していった。

　このころになると、一村一品商品を空港で目にしたキルギス人や近隣諸国の人々が、その品質の良さや通常のマーケットでは見ない商品群に驚いて、SNSなどで商品紹介をする事例が多発するようになった。どのSNSも、「キルギス人が自分の国でこんなにいい商品を作っているなんて誇らしい」という内容だった。こうした自然発生的な広報効果もあり、販売は順調に伸びていった。2023年6月には、免税店側が自ら空港内に一村一品専門のショップを立ち上げてくれた。そうした動きに同調するかのように、以前は質の悪い商品を置いていた空港内のお土産店も、少しずつキルギスらしい商品を取り揃えるようになり、また、蜂蜜やフェルトなどを取り扱う製造会社も、品質やパッケージを改善するようになった。自然発生的に、皆隣の商品やビジネスを見ながら改善しているのだった。近隣諸国の空港でのお土産販売の状況は、ありきたりの商品やどこで誰が作ったのか分からない商品を並べていることが多い。キルギスの空港免税店における一村一品商品販売は、今後、近隣諸国への一村一品運動の拡大に重要な役割を果たすものと考えている。

　フェーズ3での1つのチャレンジは、ビシュケク市内での卸売りを進めることだった。それまでのフェルトだけにとどまらず、ジュースやクッキーなどの商品を広く卸売りすることは、売上への貢献だけではなく生産者のモチベーション向上のためにも非常に重要な課題であった。プロジェクトの特性上、新たな生産者は毎年増え続けるが、初めて生産した商品がすぐに売れない場合、生産者モチベーションは下がり他の仕事へ移動してしまう。

　特に、単価の低いクッキーなどは、小規模な機材で生産する場合の収益は非常に低い。これをカバーするためには、毎週、毎月の一定の生産量を確保する必要があるが、その生産した商品を売りさばく販売所の増加

が絶対条件になる。それは、一村一品商品販売店だけではとても売りさばけない量なのである。むろん営業チームを発足して、さまざまな商品の取引先を開拓してきてはいるが、一般的にどこも安い商品に焦点が置かれ、質の良さや健康志向に目を向けているビジネスはまだまだ少ない実情がある。

ミニスタンドでの成功事例も

販売ボリュームを上げるにはどうすればよいかを考えてみた。小規模生産者の生産量と品質との兼ね合いから、スーパーなどのチェーン店に卸すほどの生産量は見込めていなかった。それならと、カフェやリゾート地のホテルと連携し、一村一品商品専用の持ち込み棚を設置してもらい商品を販売することを始めた。この方法であれば店舗経費がかからずに小規模な量で販売できる。ミニスタンドと呼ぶことにした。しかし、困ったことに、開始後すぐに販売中止もしくは全く売上が伸びない極端な事例が出だしたのだ。理由は、相次ぐ盗難だった。盗まれた商品の支払いは連携相手の経営者ではなく、担当スタッフが支払うのがキルギス流で、これを嫌がるスタッフが販売拒否をするか、盗まれないように手の届かないところに商品棚を置いてしまう。カフェやホテルなどでは、ガラスケースに入れてディスプレイすることが通常で、これは盗難防止の措置としてよく見かけるが、ガラスケースの中にある商品の売り上げは良くないという裏付けが取れていた。

やはり手で触れてこそ商品の質の良し悪しが分かるということを優先させて、一村一品スタイルのオープンな商品棚で販売してくれるところを探した。連携相手がお金を使い込み回収できない、スタッフが記録を間違える、場所によっては埃や熱で商品コンディションを保てないなど、さまざまな課題が浮上した。あるカフェでは、売上金をオーナーが他の資金と混ぜてしまって売上金の回収ができずにいたが、カフェスタッフの希望で、ミニスタンド売上金を入れる専用の鍵付き箱で管理することで再開した。管理するスタッフも副収入が入るために、こういった販売店側の努力が実ったところは成功し

ている。

　ミニスタンド方式で売り上げが最も成功している場所は、イシククリ州の入り口の町にあるガススタンドだった。ビシュケクからカラコルへ移動する人、海外からの旅行者などがこのガススタンドで給油する際に、喫茶スペースに立ち寄ったときに一村一品商品を目にするわけだ。違う町、イシククリ湖のエリアに入ったという旅行の雰囲気がお土産購買意欲を高めるようだ。販売開始当初は、販売価格を見たガススタンドのスタッフから売れるかどうか疑問の態度を示されたが、その店舗での一村一品商品の販売成績は他の商品と比べて群を抜いてトップであったことから、その後は職員も販売に協力的になった。このガススタンドの店員いわく「一村一品商品はピロシキのように売れる」——これはロシア語の言い回しなのだが、ピロシキはロシア人に最も人気のあるファーストフードで、ピロシキを販売している店では500個1,000個と売れる人気店があるそうで、それを比喩しているようだ。

　これとは別に、キルギスでは有名なケーキチェーン店やカフェ、ホテル、オーガニック、ナチュラル商品を取り扱うお店で、一村一品商品の卸売りを進めていった。2024年7月現在、一村一品商品を卸しているビシュケクの販売店は46カ所で、キルギス全体で68カ所にまで広がっている。

5－6　一村一品商品を海外へ輸出

売上目標は国内50％、輸出50％

　旧ソ連に統合されていたキルギスでは、ソ連の集団農業・国営農場によって計画され、生産された農産物はすぐさま旧ソ連諸国へ輸出されていた。そのためかキルギス人との会話では、「一村一品！どこに輸出するの？」「ブランド取得できた！さあ、輸出だね！」こんな話になりがちで、どうも"生産物イコール輸出"というイメージが強いようだ。地方の社会的弱者や比較的収入の低い人たちを対象に始めた一村一品プロジェクトでは、主に国内マーケットにおける富裕層や旅行客をターゲットにしている。プロ

ジェクトの開始時点から良品計画との連携による輸出を成功させていたこともあって、その輝かしい功績が余計に「輸出促進ビジネス」との誤解を招いているようだ。

　とはいっても、やはり、今後も生産者が増え続ける中、その生産物をキルギスの国内マーケットだけで販売するには、まだまだキルギス全体の経済的豊かさが追い付いていかない。2005年と2010年に内乱のあったキルギスでは、そのたびに国境が閉まり、海外からの輸出や観光客が途絶えた。何かの影響を受けて、キルギスに観光客が来なくても生き残れる対策を取らなければならない。そういった理由からも、一村一品プロジェクトではOVOP+1の売上を国内50％、輸出50％を目指すことを目標にしている。2020年のコロナの時は国内売上が80％も下がってしまったが、良品計画などの輸出があったのでOVOP+1は倒産せずに済んだ。政治や経済的に不安定な国では、もしもの時の対策を講じておくべきである。

　一村一品商品の海外への輸出は、運動をキルギス国内で広めていくためにも重要な意味を持つ。キルギスのように、国内での食品加工や製造業が発達していない国においては、その国民が自国の商品品質を内心疑っているケースがほとんどである。富裕層は海外からの商品を好む傾向にあり、これを打開するためには、質の高い国内商品を国外の人に認めてもらうことが重要だ。カラコルショップやOVOPセンターがそうであるように、まずは旅行者やキルギスに居住する外国人が商品を買い求めると、次第にキルギス人の客も増えていく。キルギスの一村一品商品が輸出されているという事実が、顧客の信頼度を増す1つの要因になっているのだ。

　富裕層の中ではOVOPセンターの商品は質が高く、信頼できるというところまでにきている。OVOPセンターのオープン時には外国人が大半だった顧客層は、2023年には60％がキルギス人になった。こうやって、OVOP+1のビジネスの安定化を目指して、キルギス国内に一村一品運動を広めるために、輸出事業の拡大は欠かせないのである。

FOODEXや海外見本市への参加

　海外に拠点を持たないOVOP+1にとって、海外での販売契約を獲得することは容易ではない。日本人専門家も日本にいないために、ビジネスマッチングはなかなか進まない。このような状況ゆえに、海外での催事に出展することはビジネスを進めるうえで、クライアント探しに非常に重要なのである。プロジェクトの初期は予算がないので、国際機関の支援によって各国で行われる催事への参加費用やブース借上げの支援を受けつつ、ドイツ、インドなどでの催事に参加してきた。初期段階での海外の見本市への参加は、他国や他出店者の商品比較や販売方法など学びの場といった側面が強く、海外へあまり行く機会のないスタッフやキルギスの経済省職員などにとっては、世界を見るという意味で効果の上がる研修となった。また、キルギスが国をあげて、見本市でキルギス国としてのブースが出される場合、一村一品商品とキルギスの一般的な商品が並ぶ形の展示になる。一般的なキルギス商品の質やパッケージの悪さ、説明書きやポップなどの商品の情報の不備など、OVOP+1スタッフから見ても恥ずかしくなるような状況を目のあたりにして、スタッフが考える「キルギスブランド」の目指すべきものがより明確になっていった。

　B to C（Business to Customer）の催事だったドイツでは商品への反応はいいが、全く契約にはつながらなかった。こういった経験から、B to B（Business to Business）の催事に参加することが何よりも重要と理解するようになった。2017年のB to Bイベントである東京ギフトショーでは、郵政のカタログ販売や百貨店、東急ハンズなど多くのビジネス会社が一村一品商品の取引に興味を示した。しかし、ここで分かったことは、多くの日本人バイヤーは自ら輸入を行わず、大手の商社や輸入ビジネス会社から商品の提供を受ける手法が一般的であるという事実だった。こういった商習慣すら体験してみないと分からない、我々開発業界の人間は輸入ビジネスの素人なのだ。輸入代行会社を日本に持っていないOVOP+1は、一村一品商品

を購入したいと希望するビジネス相手に対して、輸入代行者が存在しないばかりにビジネス契約につながらないことが多々あった。それでも、個人輸入を希望する小規模なクライアントを見つけていった。このような経験をした後、長年準備していた2022年に幕張メッセで開催された食品のビジネスマッチングを行うFOODEXへの参加は非常に有効な経験となった。

キルギス商品と小規模なこだわり店

FOODEXや東京ギフトショーなどの国際展示会に参加することはお金があればできるが、実際のビジネスにつなげるにはたくさんの準備が必要なことも分かってきた。①明確でリーズナブルな価格、卸売り価格の提示、②最低発注量の設定、③輸送ルート、輸送にかかる日数の確認、④日本や輸入国での輸入者・輸入代理店の確保、⑤オーガニックや農薬検査の有無などの証明ができなくてはビジネスにつながらないということだ。特に、輸入代理店など国内で直接販売できる業者の存在を強く求める会社が多く、自らは輸入業務を行わないとことがほとんどだ。また、中間となり得る商社の場合は、最低のロットが20トン以上となるとことが多く、卸値も極端に安いこ

一村一品商品はFOODEXでも高い関心を集める

東京ギフトショーでは草木染フェルトに多くの商談が寄せられた

とが多い。これも一村一品プロジェクトにとってはハードルが高くなる要因だった。

しかし、そういった大手商社以外にもたくさんのレストランシェフ、小さな雑貨店のオーナー、日本にはなかなかない商品を求めているビジネスマン、そういった小規模でもいいから質が高く、珍しいものを探している会社や人たちがたくさんいることも分かった。そしてなにより、キルギス一村一品の商品に感動して開催されている期間中に何度も訪れては、味の良さや調達方法などを熱く語る人たちがたくさんいたことに驚かされた。要するに、キルギスで開発し生産している商品のニーズは確実にあるが、キルギス一村一品商品を気に入ってくれるところはどこも、小規模なこだわり店が多いということである。これは、ある意味大きなビジネスのチャンスである。これを打開するために大きなチャレンジを行うことにした。

混載による輸出に挑戦

日本での見本市に参加し、小規模だけれど高いこだわりのビジネスを行っていくうちに、キルギス一村一品商品に高い興味を示してくれる顧客に何と

か商品を届ける方法を考えたいと思えてきた。これまでに、航空便による輸出と個別の顧客が発注するコンテナの輸送は経験があった。しかし、航空機による空輸はとにかく輸送費が高額。コロナの後はなおさら高くなっていて、税率の低い輸送量、例えば、蜂蜜なら輸出総額が20万円以下などの場合、それまでは100kg近く送れていたものが60kg程度に減ってしまった。その影響で、日本に到着した時の蜂蜜の値段は年々高くなった。コンテナを使って陸路で運べば安くなるが、40フィートのコンテナに蜂蜜を満載すると30トンぐらいにはなるが、そんな大型契約はなかなか結べない。

　この問題を解決しようと、1つのコンテナの荷物に複数の顧客の商品を一緒に積んで送る「混載」と呼ばれる方法を試すことにした。物流の多いアメリカのような国であれば、この混載を行ってくれるサービス業者が存在する。しかし、キルギスのような国では、混載のサービスをしてくれるところはないし、もちろん日本側で荷物を受け取って、通関をして、依頼者へ荷物の国内配送を一括して受けてくれるところもない。小規模発注のクライアントは、ドル相場や航空運賃の値上がりなどにより、一村一品商品の発注をためらっていたのである。そこで混載による陸路輸送、しかもある程度の量をコンテナで送付することでコストを下げようという作戦に出ることにした。

　この混載輸送作戦を行うにあたって、重要なのが荷受人の設定だ。コンテナに積んだ複数の会社向け商品を、1つの企業が輸入した形をとる必要がある。これまでの輸送の経験から、中央アジアの情報に精通している会社と協議の末に、荷受人として協力いただくことにした。こういった場合でも、新しい国や商品、まだ誰も手を付けていない輸送ルートや新ビジネスの開拓に興味を示すチャレンジャーが必要だ。とにかくやってみようというチャレンジ精神のもと小規模クライアントを募ったが、実績のない初の試みということで11人のクライアントしか集まらなかった。しかも、20トン以上積めるコンテナ輸送なのに、集まった発注の総重要はたったの2トンだった。それでも空輸による個人通関よりは安い計算になる。この取り組みが成功すれば、さら

に多くのクライアントに声掛けできるようになるので、たった2トンでも絶対成功させる必要があった。

　大手の物流会社を通さずにOVOP+1が主体となって混載を行うことは、これもまた他のことと同じで試練の連続であった。複数の輸送商品、しかもクライアントが11人いる。キルギス側の出荷時の問題から始まって、日本での通関に必要な書類の作成など、コンテナがキルギスを出るまでに3カ月を要した。そして、予定より2カ月も遅れてやっと日本に到着。それから1カ月もかかって通関が終わり、顧客の元へ商品が届いたときには本当に安堵するとともに、大きな経験知の増加に確かな手ごたえを感じた。この経験をもとに、今後さらに混載による商品輸出を拡充していくことを目指しOVOP+1一同期待に胸を膨らましている。

5－7　OVOP+1の成長と戦略

社会サービス部門

　一村一品プロジェクトが主にプロジェクトの使命として行っている活動に、OVOP+1の社会サービス部門がある。地域開発を行う同部門は、JICAプロジェクトの人材的、財政的な支援があるから成り立っている部分でもある。そこで支援した生産者や商品は、結果的にOVOP+1が一村一品商品を販売できる基盤を形成することになる。ということは、この商品開発や生産者育成の部分は、生産体制が成り立つまではお金を生まない、ビジネスにならないことになるし、これではいくらビジネスを頑張っても、OVOP+1の持続性は確保できない。キルギス全土を見れば、一村一品の開発の余地はまだまだ限りなくあるが、OVOP+1が一村一品ビジネスを安定させるには、今の3倍ぐらいの売上とそれに伴う商品数が必要だ。しかし、このJICAプロジェクトも期間限定だし、地域開発の部分の資金を何とかしなくてはならない。そこで、1つの方向転換として、ビジネス部門とは区別して、社会サービス部門を切り離し、主に国際機関との連携により地方開発を行ってい

くことにしたのである。

　この国際援助機関との連携にはもう1つ重要な理由がある。キルギスは他の開発途上国と同じように多くの援助機関が活動する国になっているが、多くの国際援助機関の支援金やプロジェクトの末端のプロジェクト実施団体はローカルのグループだ。実は、プロジェクトがなかなか成果につながらないのは、この部分が影響しているともいえる。国際援助機関が持ってくる援助の予算は、大使館、銀行、大手国際機関へと配布される。予算の使途は環境問題、貧困問題、女性の地位向上など、それぞれ決まっている。だが、そうやって配布された予算を現場で使うのはキルギス人であり、キルギスのローカル団体となることが多いのである。ここが落とし穴。いくら大義名分を尽くした計画と予算でも、実施部隊に実力がなければプロジェクトは成功しないのである。

　こんな状況の中、十数年の時間をかけて開発してきた一村一品開発の仕組みやそこで働くスタッフは、キルギスに何が必要で、どうやったら商品開発できるかを知っており、それを販売する仕組みまで持っている。そんなキャパビルが進んだ団体も、開発そのものをビジネスに変えている団体も、OVOP+1以外にキルギスには存在しえない。国際援助機関から、開発の予算を使うプロジェクト実施部隊としてOVOP+1が急激に熱いまなざしで見られるようになった理由はここにある。地方における商品開発やそれに付随する工場建設、資機材の選定、また農村での収入向上といったOVOP+1の活動目的に合致するプロジェクトの場合は、OVOP+1が国際援助機関との連携でプロジェクト実施機関となることもある。

ファイナンシャルマネージメントの強化

　OVOP+1は組織的に確実に実力をつけてきた。そして、全国の生産者と販売を支える重要なファンクションを担うまでに成長した。これから、ソーシャルビジネスの先駆者として、またキルギスの地方部の経済開発を担う組

織として、さらに組織強化を行っていく必要がある。そんななか、早急に取り組まなければならないことの1つにファイナンシャルマネージメント、つまり資金繰り、キャッシュフローマネージメントの強化がある。

　OVOP+1スタッフがキャッシュフローに危機感を抱くようになったこと自体が大きな成果だといえるが、そんな悠長なことを言っている場合ではない。ちょっとしたミスが倒産につながるからだ。我々が公益法人として社会支援を行っていくうえで、OVOP+1のファイナンシャルマネージメントは事業継続の最も重要な部分といっていいだろう。ドナーの資金にだけ頼るNGOに成り下がるわけにはいかない。キャッシュのやり繰りは年を追うごとに増えて、よりダイナミックにシステマティックに資金を運用しなければ本当のビジネス会社になれはしない。地方生産者の商品買取から瓶などの資材管理と生産者との連携、600種類を超える商品のラベルデザインや印刷会社への発注など、どれも一時的に資金が必要だ。また、生産コスト、在庫管理、車両や工場稼働、給与支払いや店舗レンタル料の支払いなど、多くのオペレーションコストを日々動かすことが必要となっているのである。

　2017年のフェーズ3開始直後は、これらの資金管理の多くをまだJICA専門家が実施している状態だったが、フェーズ3の終了時にはOVOP+1が自ら実施していた。プロジェクト終了後を見据えて、プロジェクトでカバーしてきた資金（一部スタッフの給与など）をOVOP+1の全体事業の経理処理に取り込んで、全体像を把握・管理できるまでになってきている。一方で、インフレ率の急激な上昇による物価高により資機材や原材料の高騰、またそれに伴う給与額の増加など、一時的な資金繰りの調整は以前よりもはるかに難しい局面も出てきており、キャッシュマネージメントによる資金利用方法の見極めが重要となっているのである。

新たな組織スタイルの確立

　OVOP+1は地方と首都、世界とキルギスをつなぐ組織に発展しつつあ

る。カラコルの工場を運営しながら、広域点在型量産システムと集約型生産方式とを活用しながら、キルギス全国の生産工場約97カ所、個人事業生産250カ所、養蜂家350名、ビシュケクを中心としたパートナー企業30社、OVOP+1の商品販売・卸先68カ所とのやり取りを行うまでになった。原材料の注文、瓶やパッケージの発注やラベルデザイン策定といった生産者肩代わり支援に加え、技術指導、発注と買取、商品販売、輸出事業、SNSを通じた広報なども行っている。スタッフ数は3名から始まり、2024年7月で49名となっている。これから、輸出ビジネスも拡大しながら、国際援助機関との連携案件も増えると予想される。ビジネスを主体としながらも地方開発を主眼とする社会サービス型の新しい組織スタイルへ、今成長しようとしている。

VOICE⑧ 自治体関係者の声

カニメット・オスモンベコフ・ビスアベコチ（男性52歳）
バトケン州レイレック県知事

　2018年より2023年までタラス州の第一副知事として働きました。その際に一村一品プロジェクトとの連携を開始しました。イシククリ州のモデルを見て、大変感銘を受けてタラスでもぜひ行いたいと考え、JICA一村一品プロジェクトとの連携を強めていきました。また、プロジェクトが行う一村一品研修に参加し北海道での一村一品運動や道の駅、商品群を見てさらに興味が高まりました。ブランド委員会の開催を積極的に行って、ブランドロゴを委員会で決め、年間8～10商品程度を認定できました。委員会では生産者同士の競争心や選考中の志気の高まりから、非常に楽しく選考ができました。タラス州副知事業務の中でもブランド委員会は特に記憶に残っており、自分なりに誇りに思っています。その後2022年に、タジキスタンとの国境問題による紛争が起きたことをきっかけに、国境の町であるレイレック県の知事として派遣されました。ここでも国境問題に加えて、一村一品運動をこの国境の町でも行おうと一村一品プロジェクトやOVOP+1に来ていただいて、早速、商品開発と生産が進んでいます。レイレック県での販売は難しいと考えたOVOP+1がイシククリ州のガススタンドで販売を始めてくれて、売上も良いと聞いています。キルギスにおける一村一品運動の手法は、インパクトがあり、実際に生産者の収入が増えていることから、地域開発のツールとして知事業務の中で活かしていきたいと考えています。

VOICE⑨　自治体関係者の声

ファフィーゾバ・ラーヤ（女性）
カラコル市食品安全衛生局の職員、食品安全と調査を担当

　2012年からイシククリ州での一村一品運動の会議やブランド委員会の審査員として参加を開始しました。20名ほどいるブランド委員会の評価員として活動開始しましたが、初めてのブランド委員会ではどうしてこんな活動をしているのか分かりませんでした。しかし、会を重ねるごとにその面白さが分ってきて、また地域に必要な選考委員会であることが分かってきました。ブランドに認定された商品は、地域住民や旅行者からも高く評価されており、評価する側としても大変うれしいし、評価メンバーとして長年ブランド委員会に関わることができたことを誇りに思います。また、キルギス全土で行われるようになったブランド委員会ですが、イシククリ州が始まりで、ブランド委員会を視察に来る他の州や国からのゲストも多く、ブランド委員会をリーディングしているという意味でもやりがいを感じています。

エピローグ

国家プロジェクトに採択

　2023年、キルギス共和国は、一村一品運動を国家プロジェクトとすることを正式に決定した。これまでのところ、4年間の国家プロジェクト期間に達成すべきロードマップと呼ばれる活動内容が策定されており、その内容にそって関係省庁へ指示が出されている。とはいっても国家プロジェクトに承認されたからといって、実施部隊も予算も確保されていない。担当の経済省の部局は部署長と3名のスタッフの計4名のみで、とても国家プロジェクトという名前の響きから想像する実施体制とは言い難い。

　こんな状況ではあるが変化もある。「国家プロジェクトに採択される」ということ自体がさまざまな変化をもたらしているのである。ブランド委員会を開催するとなると、これまではプロジェクトからの各州への連絡・調整などにかなりの時間と手間を要したが、国家プロジェクトとなったことで経済省のレター1本で関連部署が動き出す。これまでつながりのなかった関連機関や政治家なども一村一品に関心を示し、プロジェクトとの協議や政治家の出身の村や地方の開発依頼がたくさん舞い込んでいる。一村一品プロジェクトとOVOP+1もこの国家プロジェクト採択の状況をうまく使っているといえるだろう。通常は面談設定のレター作成など面倒な手続きが発生する場合でも、国家プロジェクトの名前を出せばスムーズに進む。

　キルギス一村一品の本来のやり方として、一村一品運動の拡大のためにはさまざまな人材や業種をつなげるというのがあった。これまでのすべての活動においてこれを続けてきたのだが、国家プロジェクトになったことがそういった多くの関係者を結び付ける要素になった。多くの援助機関も一村一品運動に関心を示し、連携プロジェクトも増えつつあり、そういった活動と情報の拡散が商品の販売にもつながっていく。さまざまな種類の活動と情報のつながり——国家プロジェクトはまさにこの部分で大きな役割を果たそうとしているのである。

中央アジア諸国へ拡大

2023年4月〜2027年4月
一村一品運動を通じた中央アジアにおける
地場産業振興プロジェクト

　一村一品プロジェクトはついにフェーズ4を開始するところまできた。それに伴い、活動対象地域がキルギスから隣国のタジキスタン、カザフスタンへと広がることになった。一村一品プロジェクトはフェーズ2の早い段階から、周辺国からのスタディツアーやリモートでの説明会などを積極的に受け入れてきた。実施した国はウズベキスタン、タジキスタン、アフガニスタン、カザフスタン、モンゴル、ジョージア、アルメニアの7カ国に及び、別のJICAプロジェクトのアフリカへの実施体制へのアドバイスなども行ってきた。これらの国々でキルギスの一村一品のモデルを説明した時に、どの国も非常に反応が良く、「ぜひともわが国でも行ってほしい！」というコメントになるのはなぜだろうか。それは、キルギスの一村一品運動の成果として、「生産している人々」「実際に生産された質の高い商品」「実際に売れているというデータとショップでの買い物体験」、この3点が揃っているからである。

　本編にも書いたが、「活動の中心に商品を置く」ことが重要なのである。その国で地域住民により加工がなされ、収益が地域住民に還元され、その国の国民が喜び、消費し、海外へも輸出されている商品──どうやったらそれができるのだろうか。そのヒントをキルギスモデルに詰め込んだつもりである。資源を豊富に持ちながらも、自国では加工しておらず、高級スーパーマーケットにあるのは、農産物を除けばほとんどが輸入物ばかり。この状況を変える必要はないかもしれない。しかし、そこにビジネスチャンスがあり、それを地方開発と結びつけることで地域活性化になる、このキルギスの一村一品手法を試してみない手はないのではあるまいか。

　カザフスタンとタジキスタンでは、早速JICAの一村一品プロジェクトが開始された。キルギスとは似てるようで全く違う状況が多く、国民性もそこにあ

る素材も違う。その国ならではの一村一品運動のやり方を考えなくてはならない。しかし、「活動の中心を商品に置く」やり方は、きっとどこの国でも通用するはずだ。素晴らしい商品があれば、人々が喜び、集まり、クレームがきて、品質改善し、と活動の循環が生まれていく。キルギスモデルを学びながらも、各国にあった一村一品運動による地域経済開発は続いていく。

コラム

Part 1 ：一村一品運動を支えた専門家

　キルギスOVOPプロジェクトで活躍していただいている日本人専門家は、海外協力隊経験者から、英語もロシア語も話せないが技術・経験は申し分ないという人まで、さまざまな人で構成されている。皆ユニークで一癖も二癖もある人たちであり、そんな人たちが専門家としてキルギスの一村一品を作り上げてきたといえる。専門家は、長期的にキルギスで活動する長期専門家、数カ月の短い期間だけキルギスで特殊技能を指導する短期専門家に分かれる。今回はここに、短期専門家としてキルギスの一村一品プロジェクトで活躍していただいた方で、通常JICAとの関わりは強くないものの代えがたい貢献を果たされた専門家を紹介させていただきたい。

食品加工専門家／早川義一さん

　まず始めに紹介したいのが、食品加工の早川義一さんだ。早川専門家の前にもコンサルタントの食品加工専門家を公示でリクルート派遣してもらったことがあったが、残念ながら全く期待に応えられなかった。というのも、セオリーを説明する専門家はOVOPでは必要としていないからだ。早川専門家は、JICAキルギス事務所を通じて駒ケ根訓練所へ打診が行き、長野県で食品加工技術者の経験がある方を探してもらったことからつながった。英語がしゃべれない。いや、長野弁しかしゃべれない。しかし、食品加工会社を渡り歩いた経験やそれを買われて、中国での工場指導の経験もあった。彼のすごいところは現地で揃う資機材で何とかやってしまおうとする技量や五感を使ったローテクとも呼べるもので品質検査を行うことだ。例えば、先にあげたゴミ箱を使った煮沸を簡単にしたり、箸を使ってできたジャムの蓋を打検するのだが、簡単な音の聞き分け方などをスタッフに指導した。あるいは、牛の乳しぼり機で真空を作ることで、シーバクソンオイルを目の細かなフィルターを通す吸引機を作り、普通の缶詰用高温殺菌器を高圧蒸気殺

菌器に改修するというように次々とさまざまな工夫をしていってくれたのだった。実践に強い専門家、求められているのはこれである。

藍染め専門家／有内則子さん

次に紹介するのは、四国大学准教授の有内則子さん。有内先生は四国大学の「藍の家」という藍染め専門施設で藍染め指導を行う現役の准教授であり、また藍染め作家でもある。キルギスや中央アジアの伝統的な眉染めには、現地で育てられるウスマ（英語名Woad）が用いられているが、原材料の収穫時期により夏の間しか染められていなかった。そこで有内先生は、このウスマを使って日本の藍染めの技術を導入し、一年中染められるようチャレンジを行った。藍染めは、バクテリアを活性化させてインディゴによる染色ができるようにするものだが、目に見えないバクテリアを育てるという感覚がキルギス人は想像ができない。温度管理、バクテリアに餌をあげて活性化させる、ペーハー（pH濃度）を高くする、どれもハードルが高かった。

先生の派遣は夏休みの終わる8月第3、4週のみで、この短い期間にすべてを習得しなければならない。技術を教わっては、先生が次の年に派遣されるまで実践を繰り返す。失敗の連続だ。そうやって試行錯誤しながら、OVOP+1のスタッフが藍染の技術を習得するのには丸3年もの月日がかかってしまった。Woad染めという、化学染料が出回るまではヨーロッパで行われていた技法だが、今では誰も知らない。これを染め実験を繰り返しながらWoadの特性を引き出して、ついにキルギスにおけるウスマ染め技法を完成させたのだった。名付けて「イシククリブルー」、イシククリ湖のように青いという意味だ。いまでは染料の発酵技術、染め技術も定着し、観光客がOVOP+1の草木染場で染め体験ができるまでになった。

キルギスの素材で藍染めを指導する有内則子専門家

アロマオイル専門家／吉水純子さん

　2015年、国連開発計画（UNDP）の資金援助により、インドにおけるキルギス商品の展示会が当時の在インドキルギス大使のイニシアティブで行われた。この展示会にOVOP+1スタッフも参加していた。会場を訪れたある日本人が、一村一品商品であるキルギス伝統ハーブ石鹸（シャカル・ソープ）を手に取って、友人のアロマオイル専門家・吉水純子さんに紹介したのが始まりという。それから4年の月日が流れ、吉水さんはシャカル・ソープを求めて、キルギスの一村一品プロジェクトを訪問した。

　吉水さんは当時、三重県大台町のアロマオイルの指導に当たっていたこともあり、大台町の役場の担当者と共に、アロマオイルの生産方法に加えて、自然保全の考え方や自然のオイルの素晴らしさなどを我々と語り合った。その縁あって、キルギス人スタッフを連れて日本に研修に行った際には、三重県まで出向いてアロマオイルの生産技術を指導してもらったのである。この経験からアロマオイルの生産をキルギスで本格始動することになり、2022年には専門家として吉水さんに来てもらった。キルギス産アロマオイルの製

造方法、環境、キルギス人でもできる技術指導をしていただき、このアロマオイルからさまざまなコスメ商品が誕生している。

養蜂の専門家／高橋秀行さん

　キルギス一村一品運動では「エスパルセット蜂蜜」の開発から始まり、キルギス全土の養蜂の状況を視察、蜂蜜や蜂蜜を使った商品化を進めてきた。国際援助機関も養蜂家への支援を多く実施している。ヨーロッパの大きな蜂を導入して蜂蜜採取量を増やしたり、地理的表示GIによりナリン州のエスパルセット蜂蜜に対して付加価値を高めようとしたり、多くの支援が行われてきたが、それ以前に大きな問題があった。養蜂技術が確立しておらず、近年養蜂を始めた多くのキルギス人の先生はユーチューバーであったことだ。個人主義のキルギスでは、養蜂組合などをつくっても外部からの支援を目的にしたものがほとんどで、実際には組合メンバーであったとしても、個人もしくは家族や兄弟と活動することが多く、本当に必要な技術や情報が共有されないところに問題があった。

　実際、キルギスのあちこちに蜂蜜の品質やブランド形成について話をしに行ったが、養蜂家がそれについてこられなかった。蜂が死ぬために、使い方も量もよく分からない薬や抗生物質を使う。しかし対外的には使ってないと言う。蜂蜜はフィルターにかけず、バケツは泥や家畜の汚物で汚れている。こんな状況だった。

　私は養蜂のマニュアルを作ろうと決意し、日本で名のあるたくさんの養蜂家へコンタクトして、キルギスに来れる時間のある人、セオリーでない実践力のある人を探すことにした。そこで選ばれたのが、当時セイコーエプソン株式会社という会社で働いていて、養蜂も自宅で行われている高橋秀行専門家だったのだ。高橋さんは蜂に対する細かな観察力を持ち、具体的にさまざまな工夫をされながら養蜂を行い、日本では養蜂初心者に対する講義も開いていた。そこで、会社の有給を使ってキルギスに来ていただき、キル

ギスの養蜂の状況を見ながら、養蜂家を集めてレクチャーを実施。それらの情報と高橋専門家の知識を詰め込んだキルギス版養蜂マニュアルを作成した。

　これらの専門家は、それぞれの専門技術を有し、日本でのそれぞれの分野のプロといえる。その専門家が保持する生きた技術をどのようにキルギスに移転できるか。これが簡単そうで、そうではない。通訳レベルだけではない、キルギス側の技術移転者、販売する商品のコンセプト、キルギス人でも分かる技術の簡素化など、さまざまな専門家等の工夫によって一村一品商品として持続的な生産体制を築くまでになっているのだ。ただのセオリーだけを伝授する専門家ではなく、使える技術の移転が重要なのである。また、単に技術移転では終わらず、伝えられた技術が、確実に製品の品質向上に反映されることが重要なのである。

Part 2 : 一村一品運動を支えたビジネスパートナー

キルギスでの一村一品運動を広げる中で少しずつではあるが、ビジネスのつながりが出てきた。ビジネスのパートナーは、良品計画のようなすでにある大きな会社ではなく、ゼロからの手探りによるケースがほとんどだ。すでにある程度の規模の会社だと、なかなかリスクを取りたがらない。しかし、縁あって、キルギス一村一品の商品のコンセプトや品質の高さ、またキルギスという国が好きになったことで、キルギス愛に溢れていることがビジネスを発展させる要因になった。キルギスの商品を取り扱ってくれる、そんな一癖も二癖もある会社をいくつか紹介したい。

株式会社こぶた舎・ジベックジョル

こぶた舎という会社がある。知り合いの伝手を頼りに日本商工会が開いたキルギススタディツアーに参加して、キルギスの蜂蜜の虜になった人物が始めた会社である。この会社は一村一品商品だけを取り扱うことを使命としている。現在取り扱っているのは一村一品プロジェクトが蜂蜜販売のメインに置いている、9種類中3種類の蜂蜜——エスパルセット蜂蜜、それに攪拌して空気を含ませてクリーミーに仕上げたホワイト蜂蜜、それからマウンテン蜂蜜である。このそれぞれの蜂蜜は味や香り、舌触りの違いが誰でも分るようになっていて、「どれを買っても蜂蜜は同じ」と考えている蜂蜜通でない人も、この3つを食べ比べれば蜂蜜マイスターになったような気分になる。まさにそんな実体験を活用して、日本でこの3種類の蜂蜜を販売しているのがこぶた舎である。こぶた舎の地道な催事の開催によって、キルギスの蜂蜜のファンが増えていったといってもよい。銀座などでの催事で販売されている、キルギスの白い蜂蜜と言えばこぶた舎である。

twinstrustとの出会い

　ある日OVOPセンターにいた時に、アウトドア用の服装にリュックを背負ったお客さん数名を見て、てっきり新しい海外協力隊員が来たのかと思い声をかけた。聞くと、ユキヒョウの調査を行っているという。「twinstrust」という団体名でNGO活動を行っている双子の姉妹だった。話をしていくとモンゴル、インドなどユキヒョウの生息地で幅広く活動しており、国際的なユキヒョウ保全団体との連携も行われていた。標高が高く険しい山々、許可がないと入れない中国との国境地帯、何日もかけて馬や徒歩での調査の様子を知れば、野生動物保全に直接関連がなくても支援したくなる。回収された自動撮影カメラのビデオ映像にはユキヒョウが物の見事に写っていた。

　一村一品運動と何か一緒にできないかということになり、こちらが提案したのがユキヒョウグッズの生産と販売だった。当初は、ユキヒョウ生息地に近い村人に対する直接支援の案があったが、山奥の村はアクセスが悪く容易に技術指導やモニタリングができない。そこで、すでに構築されていた一村一品のフェルト生産システムを活用して、ユキヒョウ製品を作りtwinstrustとして販売、その収益を調査や保全活動の予算に使おうという方向になった。

　姉妹の姉は京都大学の准教授であり、妹は広告会社のコピーライターである。この2人のコンビネーションは素晴らしいものがあり、調査で培ったユキヒョウの模様や特徴をフェルトにデザインし、ユキヒョウのキャラクターデザインを使ったさまざまな商品アイデアが開発された。それを一村一品プロジェクトが試行錯誤しながら、村の生産者と形作っていく。この結果、ユキヒョウ関連グッズが17種類も出来上がり、日本への輸出が始まった。また、twinstrustとの協議により、twinstrustデザインはtwinstrustが開拓する日本国内での販売網以外に、キルギス国内であればOVOP+1でも販売可能との合意に達し、またキルギス国内売り上げの3％をtwinstrustへ寄付することで活動に役立ててもらおうと提案した。

　日本国内ではtwinstrustが販売先を開拓、北は北海道の旭山市から

南は福岡県の大牟田市まで全国の動物園を中心に進められ販売も進んでいった。日本にはユキヒョウの大ファンがたくさんいて、そういったユキヒョウファンが売上の大きな支えになっている。キルギスではOVOPセンターとカラコルショップ、空港の免税店にユキヒョウコーナーを特設することができた。これに加えて、エスパルセットの白い蜂蜜を詰めるパッケージデザインを開発、「ユキヒョウさんのSNOW HONEY」として販売も開始。売れ行きは好調である。

　現在、一村一品の石けん生産システムを活用した、ユキヒョウの肉球石けんを開発中。twinstrustのメンバーの1人、東京農業大学の菊地デイル万次郎助教が生息地で3Dスキャンしたユキヒョウの足あとデータをもとにデザインを進めている。今後も一村一品プロジェクトとtwinstrustの連携を拡充していく。

あとがき

　努力や幸運や偶然が重なって、イシククリ州の一村一品運動から始まった活動は、キルギス全国へ広がり、中央アジアや関係した近隣諸国へ広がろうとしている。この先もさまざまな課題に直面するだろう。しかし、キルギスの一村一品運動には、それを解決するヒントが隠れていると考える。開発途上国という言い方自体が私は昔から好きではない。どんなに経済的に貧しくても、その国は素晴らしい文化や自然や人がいて、何をもって途上といっているのか不明だからである。

　これまで貧しかった国が、急激に経済発展してきているように見えても、実態はどこかの大国がその国のほとんどのビジネスを牛耳っているなんてことも珍しくはない。でも、そういった国に、自国を自慢できる、そこの国の人々によって、その国で採れた素材で生産された商品があって、それが自然破壊を起こさない方法で生産され、高い品質と販売できる仕組みがあって、その商品を買いたい人、消費したい人、誰かにプレゼントしたい人、その商品を使ってビジネスをしたい人、商品を愛する人、いろんな人がつながりを生んで、経済に結び付けて行く。今、世界に求められているのは、大国に依存する経済ではなく、そういった経済なのではないだろうか。

2024年12月
原口明久

一面に広がるエスパルセット（イシククリ州7月）

キルギス渓谷風景

参考文献・資料

キルギス共和国 イシククリ地域総合開発計画調査 最終報告書、株式会社コーエイ総合研究所日本工営株式会社、朝日航洋株式会社

略語一覧

BDS	Business Development Service(金融支援を除いたさまざまなサービスの総称)
CBO	Community Based Organization(地域市民組織)
CIS	Commonwealth of Independent States(独立国家共同体)
CSR	Corporate Social Responsibility(企業の社会的責任)
EAC	Eurasian Conformity(EAC 認証制度)
GI	Geographical Indication(地理的表示)
HACCP	Hazard Analysis and Critical Control Point(食品安全規格)
IPM	Integrated Pest Management(総合的病害虫管理)
JCC	Joint Coordinating Committee(合同調整委員会:プロジェクトの最高意思決定機関)
JETRO	Japan External Trade Organization(日本貿易振興機構)
JICA	Japan International Cooperation Agency(国際協力機構)
MVV	Mission, Vision, Value(使命・目標・付加価値)
NGO	Nongovernmental Organization(非政府組織)
ODA	Official Development Assistance(政府開発援助)
OJT	On-the-Job Training(現任訓練)
OVOP	One Village One Product(一村一品)
PDM	Project Design Matrix(プロジェクトデザイン・マトリクス)
SHM	Stake Holder Meeting(ステークホルダー会議)
SNS	Social Networking Service(ソーシャル・ネットワーキング・サービス)
TFT	Task force Team(タスクフォースチーム)
UNDP	United Nations Development Programme(国際連合開発計画)

[著者]

原口明久（はらぐち あきひさ）

1966年生れ。宮崎県都城市出身。1989年2次隊として青年海外協力隊ガーナに技術科教師として派遣。その後、カンボジア三角協力、エチオピア緑の推進プロジェクト、農業農村開発・NGO連携などの企画調査員としてモンゴル、カンボジア、キルギスへ派遣。2009年よりキルギスにおいて一村一品プロジェクトを担当、2012年からは一村一品プロジェクトのフェーズ２のチーフアドバイザーとして活動を開始、現在に至る。開発途上国の持つポテンシャルを活かすために、地域住民と生産する商品で世界へ挑むビジネス展開を進めている。

国際協力活動に長年携わりながら、日本の支援がより開発途上国地域住民へ裨益し、日本国民にも理解が進むODAの在り方を模索し続けている。

JICAプロジェクト・ヒストリー・シリーズ

品質を追求しキルギスの
ブランドを世界へ

途上国支援の新たな可能性「一村一品プロジェクト」

2024年12月25日　第1刷発行

著　者：原口　明久

発行所：㈱佐伯コミュニケーションズ　出版事業部
〒151-0051 東京都渋谷区千駄ヶ谷5-29-7
TEL 03-5368-4301
FAX 03-5368-4380

編集・印刷・製本：㈱佐伯コミュニケーションズ

©2024. HARAGUCHI Akihisa

ISBN978-4-910089-43-0　Printed in Japan

落丁・乱丁はお取り替えいたします

JICAプロジェクト・ヒストリー　既刊書

- ㊴ 流域コモンズを水銀汚染から守れ
  ウルグアイにおける統合的流域水質管理協力の20年 ……………………………… 吉田 充夫
- ㊳ 未来ある子どもたちに「新しい体育」を
  体育がつなげた仲間たちのカンボジア体育の変革 ……………………………… 西山 直樹
- ㊲ 稲穂の波の向こうにキリマンジャロ
  タンザニアのコメづくり半世紀の軌跡 ……………………………… 浅井 誠
- ㊱ ペルーでの愉快な、でも少し壮絶なスポーツ協力
  国際協力をスポーツで ……………………………… 綿谷 章
- ㉟ 苦難を乗り越えて、国づくり・人づくり
  東ティモール大学工学部の挑戦 ……………… 風間 秀彦、吉田 弘樹、髙橋 敦、小西 伸幸
- ㉞ 高倉式コンポストとJICAの国際協力
  スラバヤから始まった高倉式コンポストの歩み ……………………………… 髙倉 弘二
- ㉝ SEED-Netが紡ぐアセアンと日本の連帯
  学術ネットワークが織りなす工学系高等教育の基盤 ……………… 小西 伸幸・梅宮 直樹
- ㉜ 人道と開発をつなぐ
  アフリカにおける新しい難民支援のかたち ……………………………… 花谷 厚
- ㉛ ヒマラヤ山麓の人々と共に
  ピャコタ旦那のネパール・ブータン農業協力奔走記 ……………………………… 冨安 裕一
- ㉚ 科学技術大学をエジプトに
  砂漠の地で始まる大学造り、紡がれる人々の「物語」 ……………………………… 岡野 貴誠
- ㉙ 日・タイ環境協力
  人と人の絆で紡いだ35年 ……………………… 福田 宗弘・関 荘一郎・渡辺 靖二
- ㉘ バングラデシュIT人材がもたらす日本の地方創生
  協力隊から産官学連携へとつながった新しい国際協力の形 ……………………………… 狩野 剛
- ㉗ 未来を拓く学び「いつでも どこでも 誰でも」
  パキスタン・ノンフォーマル教育、0(ゼロ)からの出発 ……………………………… 大橋 知穂
- ㉖ マタディ橋ものがたり
  日本の技術でつくられ、コンゴ人に守られる吊橋 ……………………………… マタディ橋を考える会
- ㉕ フィリピン・ミンダナオ平和と開発
  信頼がつなぐ和平の道程 ……………………………… 落合 直之

シリーズ全巻のご案内は☞　　https://www.jica.go.jp/jica_ri/index.html